先生のための“する”という動詞のQ&A 103

村幸弘

右文書院

目次

Qの一部を取り上げて、手短に問意の方向性を示すこととしました。それほどに、各Qには多くの問題点が含まれている、ということです。

先生のための〝する〟という動詞のQ&A103

Q1

「する」という動詞がサ行変格活用という変格に活用するのは、どうしてですか。古典語の「す」という動詞も、同じくサ変と呼ばれる活用です。どうして変格活用が存在するのでしょうか。

A1

中学一年生の全員が質問していい質問です。質問してほしい質問です。五段活用・上一段活用・下一段活用の学習を終えて、カ変・サ変という変格活用の学習に入ります。正格活用の整った活用に対して、不揃《ふぞろ》いな活用をする「来る」「する」がカ変・サ変です。どこの教科書でも、中学校の一年生用教科書の巻末付録には、活用表が載っています。そのサ変のところだけを引いてみます。

未然形	連用形	終止形	連体形	仮定形	命令形
し せ さ	し	する	する	すれ	しろ せよ

未然形が三語形、命令形が二語形あります。正格活用は、同じように活用する動詞がたくさんあるのに、変格活用は、それぞれ一単語でしかありません。どうして、こんな語形になってしまったのでしょう。実は、カ変もサ変も、もともと仲間外れだったのです。古典語の動詞としては、その「する」の言い切りの形は、「す」でした。古典語の「す」も、サ変です。そこで、古典語サ変「す」の活用表も引いてみます。

未然形	連用形	終止形	連体形	已然形	命令形
せ	し	す	する	すれ	せよ

教科書によっては、この古典語の活用表を現代語の下に配して対照できるようにしてあるものもあるでしょう。ここで、現代語の仮定形欄が古典語では已然形になることに触れておかなければなりません。その語形が現代語では仮定条件を表すのに対して、古典語では確定条件を表します。そこで、〈已《すで》に然《しか》る形〉、すでにそうなっている語形、ということで、已然形と呼んできたのです。

古典語のサ変「す」は、当時のサ行下二段活用の「着す」「馳《は》す」「寄す」などの活用とよく似ていました。連用形が違うだけです。ただ、語幹がありません。「す」には、語幹と語尾との区別がありません。「せ／せ／す／する／すれ／せよ」と活用するサ行下二段活用とは、連用形が「し」となる点で違います。そこで、サ変なのです。

どうして変格活用が存在するのかというお尋ね、いろいろ考えることはできますが、それらは推論でしかなく、こういう理由による、というようなお答えにはなりません。その推論の一つは、四段活用と下二段活用の混合活用である、という説明です。さらに、その連用形が古いと見て四段活用の名残とか、下二段活用にあえて変化を見せようとしたとかも、考えられてきましょう。

この機会に、英語の不規則変化について、併せ認識するのもよいでしょう。do did done／come came come は、まさに日本語のサ変・カ変です。日本語の変格活用動詞も英語の不規則変化動詞も、基本語彙である点でも共通しています。どうしてかはともかく、おもしろいと思います。

Q2

古典語動詞としては「す」であったサ変の終止形が、どうして現代語では「する」となるのでしょうか。現代語とは明治以後の日本語ということになるのでしょうか。古典語との境目について、どのように受けとめたらよいのでしょうか。

A2

このお尋ね、明確にお答えすることができます。古典語のサ変「す」の連体形「する」がある時期から言い切りにも用いられるようになってしまったので、現代語の終止形は「する」となったのです。

ところで、お尋ねのなかに、ちょっと気になるところがあります。「現代語は明治以後の日本語」とか「古典語との境目」とか、いうところです。日本語だけでなく、言語の歴史は、何年何月までとか、何月何日からとか、そのように区切ることはできません。少しずつ変化して、次の時代へと移っていく歴史です。次の現代語と古典語との活用表で、その矢印で、その推移の過程を理解してください。

未然形	連用形	終止形	連体形	仮定形	命令形
し せ さ	し	する	する	すれ	しろ せよ

未然形	連用形	終止形	連体形	已然形	命令形
せ	し	す	する	すれ	せよ

時に、係助詞「ぞ」がないのに、連体形文末となっている用例を見ることがあります。「あふことや涙《なみだ》の玉《たま》の緒《を》なるらむしばし絶ゆれば落ちて乱るる」（詞花和歌集・⑧恋下・二五二）の「乱るる」などです。そこで言い切られているのですから、「乱る」でいいはずが、一音節不足することもあって、連体形「乱るる」となっています。いわゆる連体止めです。『徒然草』に、高名《こうみょう》の木登りの話があります。その名人が「かばかりになりては、飛び降るるとも降りなん。」と言っています。接続助詞「とも」は終止形接続ですから、「飛び降るとも」でいいはずです。そこを兼好は、連体形にしてしまっていました。

動詞「す」も、なんと、『竹取物語』のなかで、連体形で言い切る用例を見せています。「おのが心ならずまかりなむとする。」（かぐや姫の昇天）です。会話文のなかの用例で、地の文では、「翁は、閨《ねや》のうち、しつらひなどす。」（蓬莱《ほうらい》の玉の枝）／「御衣《みぞ》を取《と》り出《い》で着せむとす。」（かぐや姫の昇天）など、すべて「す」でした。しかし、次の中世、さらに近世となると、「する」文末が地の文にも現れるようになります。何よりも、多くの用例を見せる複合動詞が、その傾向を顕著にしていきます。

その近世には、「眠り出でて、これなる草枕《くさまくら》して、前後も知らず仮寝する。」（西鶴諸国咄《さいかくしょこくばなし》・②夢路《ゆめじ》の風《かざ》車《ぐるま》）／「一切衆道《いっさいしゅだう》のありがたの事、残らず書き集め、男女《なんにょ》のわかちを沙汰する。」（西鶴・男色大鑑《なんしょくたいかん》・①色はふたつの物あらそひ）など、浮世草子では地の文の言い切り「する」が定着していたようです。しかし、例えば俳文となると、「古今もろ人の風雅の中立《なかだち》とす。」（鬼貫《おにつら》・独《ひとり》ごと・四季の詞）／「人に相見《あひみ》んおもてあらぬここちす。」（蕪村《ぶそん》・檜笠辞《ひのきかさのじ》）など、「す」もまた、根強く残っていました。そういう過程を経て、近代には、大方が「する」で言い切られるようになっていきます。現代語を口語といった時代、『口語法別記』（文部省・国語調査委員会・大正六年）は、文語のサ変の活用形のうち、口語では終止形を使わないこと、全国みな同じである、と注記していました。

Q3

古典語動詞「す」の未然形は「せ」だけなのに、現代語「する」の未然形が「し・せ・さ」というように三語形もあるのは、どうしてですか。「し」と「さ」が新たに加わった、というように見てよいでしょうか。

A3

現代語サ変「する」の未然形「し・せ・さ」については、おっしゃるとおり、「し」と「さ」が新たに加わった、という認識が適切です。したがって、その「せ」は、古典語の未然形が残ったもの、といってよいでしょう。

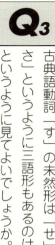

そこで、まず、その「せ」について確認します。残った語形ということは、古い言い回しのなかにしか現れないということで、具体的な用例を見なくても、そう思えてくると思います。打消の助動詞「ず」と関係するとはいっても、「返事もせずに帰ってしまった。」など、「せずに」の「せ」ぐらいでしょう。「ず」の活用形「ぬ」「ね」にも接続する用例を残しています。そうはいっても、「せぬこと」の「せ」、「せねばならぬ」の「せ」などぐらいです。

そこで、現代語「する」の未然形として新たに加わった「し」について見ていきます。「し」の登場には、二つの成立の背景があります。その一つは、打消の助動詞「ない」と関係して登場しました。そもそも、その「ない」は、現代語として登場するのです。ただ、その打消「ない」は、古く『万葉集』東歌《あずまうた》に見る「逢はなふよ」（⑭三三七五）の「なふ」に由来するのです。〈ないでいる〉意の助動詞です。その語形が変化して、いつか、ナイという発音になっていたものと思われます。一方、形容詞「無し」が、これまた変化して、「ない」となっていたところから、「なふ」出自のナイが、形容詞「ない」と同じ活用になってしまったようです。いま、漢籍・仏典を講釈した抄物《しょうもの》という記録のなかに見る次の用例などが、動詞「す」に付いた、その「ない」の用例として知られています。「極マレバ陽来覆シテ回互宛転環キノ如ク論ジナイゾ。」（天南代語抄・元和慶長年間）が、それです。ただ、「せぬ」との混交も生じたようで、「せない」も見られました。「コレ〱小きんにがしやアせない〱。」（増山金八《ますやまきんぱち》・傾城《けいせい》金《こがねの》秤目《はかりめ》）が、それです。そういう過程を経て、「しない」に定着したのです。

未然形「し」には、いま一つ、成立の機縁となる表現がありました。古典語の意志の助動詞「む」を古典語動詞「す」の未然形「せ」が伴った「せむ」という表現です。その「せむ」の発音が時代の変遷とともにショウとなってしまったのです。その結果として、「せむ」が「しよう」となってしまったのです。これが、現代語「する」の未然形「し」の、いま一つの成立過程です。

さて、残るは、現代語サ変「する」の未然形「さ」の成立です。それは、古典語時代の「す」の未然形「せ」に使役の助動詞「さす」が接続した「せさす」に始まります。「せさす」が現代語化して、「せさせる」となりました。その「せさせる」には、サ行が三音節も重なるからか、上の「せ」がなくなって、「させる」となっていきます。その「させる」は、そのように第一音節の「せ」が消えたと見てよいのですが、そうすると、動詞部分がないことになってしまいます。その結果として、「させる」の「さ」を現代語動詞「する」の未然形と見ることにしたのです。

以上、現代語動詞「する」の未然形「し・せ・さ」存在の理由を概略述べてみました。

Q4

現代語動詞「する」の未然形「さ」の存在は認識できていますが、どのような用例がどのように変化して、「させる」の「さ」の成立となったか、いっそう具体的に教えてください。また、「される」の「さ」も、「する」の未然形でしょうか。

A4

古典語の時代、動詞「す」が使役の助動詞を伴う場合、その未然形「せ」に、使役の助動詞「さす」を採用して下接させました。その結果として、「せさす」となること、容易に理解できると思います。具体的な用例を引くと、『枕草子』の「ただ、手を捕らへて、東西せさせず乞《こ》ひ取りて、…。」（第七八段・頭中将の）が該当します。『徒然草』の「案内せさせて入り給ひぬ。」（第三二段・九月二十日の頃）も、それです。その「せさす」が、一方では、その「せ」を落として表現することもありました。例えば、『宇治拾遺物語』の「物縫はせ事《ごと》さすと聞くが、…。」（⑦二・播磨守為家《はりまのかみためいへ》の侍佐多《さた》の事）に見るように、「さす」だけで「せさす」の意を表す用例がそれです。さきに引いた『枕草子』の「東西せさせず」部分を、江戸時代の北村季吟《きぎん》の『枕草子春曙抄《しゅんしょしょう》』で見ると、「東西をさせず」となっているのです。このように時代が下ると、「さす」で「せさす」の意が表せるものと思っていたように思えてきます。

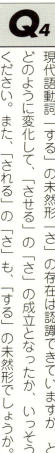

ただ、ある時期のある世界では、「せさす」の「せ」を「し」に発音させてもいました。抄物《しょうもの》には、「詩僧ニモ和シサセラルルゾ。」（中華若木詩抄・下）とありました。近松門左衛門作の歌舞伎にも「恩を報じさせうと思ひ、…。」（傾成《けいせい》壬生《みぶ》大念仏《だいねんぶつ》・中）とありました。このような過程を経て、滑稽本の「跡とりにさせる物か。」（浮世風呂・⑨下）のような語形だけが残ることとなりました。

残った「させる」は、「せさす」の「せ」が落ちて、助動詞「さす」の部分だけが「させる」となったのかもしれません。しかし、自立語としての動詞がないところに付属語としての助動詞だけが用いられることは、日本語の原則に照らして存在しえないことになってしまいます。そこで、「させる」の「さ」をサ変動詞「する」の未然形と見ることにしたのです。「さす」に始まった助動詞が、現代語としては、「させる」にならないで、この場合は、「せる」になってしまうのです。

おっしゃるとおり、「される」の「さ」も、現代語動詞「する」の未然形として取り扱われます。その「される」もまた、当初は「せらる」でした。古典語動詞「す」の未然形「せ」に受身の助動詞「らる」が付いた表現でした。その「せらる」が「せられる」となり、「される」となったのです。「らる」が「られる」になるのは、古典語の下二段型活用の下一段化です。ところが、「せらる」が「される」となり、その「さ」をサ変「する」の未然形としたことで、「らる」は「れる」になってしまうのです。「せらる」から「せられる」になった、その「せら」の部分が、いつか、サと発音されるようになり、「される」となったのです。古典語の本来は、「そなたたちにかやうにせらるべき身にはあらず。」（大鏡・道隆）でした。それが、現代語訳となると、〈お前たちにこのようにされるはずの身ではない。〉となるでしょう。現代語サ変動詞「する」の未然形に「さ」が位置づけられた背景には、このような事情があったのです。

Q5

古典語動詞「す」の命令形は「せよ」だけなのに、現代語動詞「する」の命令形は「しろ・せよ」の二語形となっています。「しろ」が新たに加わったのだろうと思いますが、どうして「しろ」が加わったのでしょうか。

A5

古典語動詞の命令形は、四段・ナ変・ラ変を除くと、他はすべて、末尾に「よ」が付いています。上一段は「見よ」、上二段は「落ちよ」、下一段は「蹴よ」、下二段は「上げよ」、カ変は「来よ」です。ただ、その「よ」も、文献以前の古い日本語では、付いていなかったようです。幸い、動詞「す」については、その命令形「せ」が残っていたのです。『万葉集』歌の「事計《ことはか》りよくせわが背子《せこ》逢《あ》へる時だに」(⑲二九四九)が、その用例です。「よくせ」は、〈十分にしてくれ〉ということで、その「せ」は、サ変「す」の命令形です。「菅枕《すがまくら》あぜかまかさむ児《こ》ろせ手枕《たまくら》」(⑭三三六九)の「児ろせ」は、〈娘さん、(私の手枕を)しなさい〉ということです。このように、「せ」だけで命令形だったのです。

古典語動詞「す」の活用表には、時に、その命令形が「せ(よ)」となっているものがあるでしょう。それは、右の『万葉集』歌の用例があるので、「せ」だけでも用いられることがある、といおうとしているわけです。カ変「来《く》」にも、そういう活用表のものもあるでしょう。「こ(よ)」は、「来《こ》」だけの場合もあるということです。

さて、「しろ」は、いつごろから、どういう背景あって登場してくるのでしょうか。まず、命令形語末に注目しましょう。すると、現代語動詞のうち、上一段、下一段の命令形末尾は、みな「ろ」となっています。実は、その「ろ」は、古代サ変動詞に大きく関係します。『万葉集』の東歌《あずまうた》には、「せろ」という命令形があったのです。「高麗錦《こまにしき》紐解《ひもと》き放《さ》けて寝《ぬ》るが上《へ》にあどせろとかもあやにかなしき」(⑭

三四六五）の「せろ」です。「あどせろとかもあやにかなしき」とは〈どうしろというので、たまらなく愛《いと》しいのか〉という意味です。その「せろ」が長い時間をかけて、現代の「しろ」となったのです。

ただ、中世から近世にかけてのサ変「す」の命令形は、「せよ」が変化した「せい」でした。中世末に当たる室町時代の抄物《しょうもの》には、「上カラ教ヘヲ下シテ、トセイカウセイト云フヲ、…。」（孟子抄・④八）とあります。「トセイカウセイ」は、〈ああしろ、こうしろ〉ということです。階級社会の中世・近世の命令形は、もっぱら「せい」でした。

井上ひさしの小説『国語元年』でわかるように、共通語づくりは大変でした。「しろ」を命令形に決めるまでの苦労が、『口語法別記』に載っています。当代の表音式仮名遣いで書かれています。これをもって、お答えとさせていただきます。

文語のサ行変格活用の命令の「為《せ》よ」を、口語に「しろ」と云うわ、静岡県、山梨県、長野県、越後から東一円で、尚、三河、三重県、富山県、佐賀県、熊本県、宮崎県にも、そう云う所がある。又、富山県、石川県、福井県、滋賀県、三重県から西わ、九州まで、大抵「せい」と云い、長野県、遠江、愛知県、岐阜県にわ、「しよ」又わ、「せよ」と云う所があり、そうして、此「せい」「しよ」「せよ」をまぜてつかつて居る所があり、其中の一つをつかつて居る所がある。（京都、大阪は、「せえ」である）今は、「しろ」「せよ」の二つに決めた。（同書一三七ページの該当部分をそのまま引きました。）

Q6

現代語動詞「する」も古典語動詞「す」も、どんな意味かをいくら受けとめようとしても、具体的な動作や行為が見えてきません。あるいは、「す」「する」をそう呼ぶのでしょうか、形式動詞という呼び方はどういう意味の動詞ということなのでしょうか。

A6

おっしゃるとおり、動詞「す」「する」は、そこからどんなに意味を受けとめようとしても、具体的な動作や行為を受けとめることはできません。そうではあっても、その文のなかの周辺の語句などによって、その一文のなかにある、その「す」や「する」については、そこにそれぞれの意味が発生しているように感じとれてくるようです。動詞「す」「する」は、そういう性質の動詞である、ということができそうです。古典語動詞「す」のある用例について、その用法からある意味が読みとれそうになった折など、そこを十分に読みとろうとして、どう訳出するか悩んだ末、そこも現代語「する」に言い換えられてしまうところから、それ以上深く読みとろうとする意欲が失せてしまったこともあって、「す」「する」を考えつづけることからして、難しいと思います。

現行の国語辞典の基礎を築いた大槻文彦《おおつきふみひこ》『言海』（第三冊（し〜ち）・明治二二年三月刊）も、「す」を立項しているものの、その語釈欄は、たったの二行でした。その『言海』は、古典語も現代語も載せるところから、現代語「する」の項では、「する（動）為《す》の変化、其条ヲ見ヨ。」としています。その古典語「す」も、一行と句点を含めて六字の二行でした。以下に引きます。

す　スル・スレ・セ・シ・セヨ（他動）（不規・二）「為」業《ワザ》ヲオコナフ。ナス。イタス。

大槻は、他動詞としてしか、認識していなかったようです。その「不規」は、不規則変化ということです。既習3、4、特に既習5において見てきたように、活用形については注目されてきました。しかし、語義や用法については、まったく無視されていた、といっていいでしょう。たまたま、慶野正次『動詞の研究』（笠間書院・昭和四十七年）という書物を買い求めてありました。索引を見たら、動詞「す」に関係するのは一か所で、動詞の名詞化の欄に「為《す》らく」が載っているだけでした。

形式動詞は時枝誠記《ときえだもとき》『日本文法口語篇』（岩波書店・昭和二十六年）に見る術語ですが、そこに見る形式動詞は、橋本進吉『新文典別記』（冨山房・昭和八年）に見る補助用言に近いもので、動詞「す」「する」に限っていうものではありません。時枝よりも古く、松下大三郎『改撰標準日本文法』（紀元社・昭和三年）も、その形式動詞という術語を用いて論じています。本動詞に対する形式動詞で、実質的意味を欠くものとしていて、「す」「する」も含まれています。

さらに、それより古く、動詞「す」「する」は、「賓語《ひんご》」と呼ぶ先行成分なくしては用いられない、といったのは、山田孝雄《よしお》『日本文法論』（宝文館・明治四十一年）でした。そこでは、大枠を形式用言として捉え、「す」「する」については、形式動詞としています。そして、「賓語」との関係に注目していきます。

ご覧になった形式動詞が右のいずれかであるか、また、それらを受けて、定義を設けることなく、具体的な動作や行為を意味しない動詞であるところから、そう呼んでいたのか、お尋ねからはわかりません。私は、具体的な概念がない抽象行為を表すので、無概念動詞と呼んだりしています。

Q7

「す」「する」という動詞に意味がないということ、聞いています。でも、辞典には、幾つものいろいろな解説が語釈欄に載せられています。この事実は、どう理解したらよいのでしょうか。国語辞典に注目すると、徐々に増えているように思えるのですが。

A7

既習6で見てきたように、国語辞典の元祖『言海』に載る動詞「す」の語釈は、「オコナフ。ナス。イタス。」だけでした。確かにこれら語釈は、「す」そのものと同じく、無概念の抽象的な動作や行為をいうだけで、具体的な動作や行為は見えてきません。でも、訳語といえるものは、この程度なのです。おっしゃるとおり、解説の必要が次々と増えてきたのです。

そこで、いまでは少し古くなりましたが、それでも、現在多くの人がそれに拠っている『日本国語大辞典第二版』（小学館・⑦二〇〇一年）を開いてみましょう。「する」という見出しの下に漢字表記「為」が掲げられて、以下は〘自サ変〙と〘他サ変〙とに分けられます。㈠自動詞には①〜⑤のブランチ、㈡他動詞には①〜⑥のブランチが設けられています。続けて語誌が⑴から⑹まで続きます。その語誌の⑷は、一般には補助動詞として取り扱われる用法を紹介しています。その後に、慣用句が子見出し立項されて、都合二百八十五行に及んでいます。

現在、ポケット版といわれる国語辞典も、ブランチ数や用例数は大きく異なっていても体裁は似通ったものとなっています。それは『日本国語大辞典』の初版（昭和四十九〜五十一年）の「する」の体裁以来といってもいいでしょう。さらに、近年は、他動詞「する」については、どのような格助詞を受けるかの視点が採用されてきています。ここで、あの『言海』の後身『大言海』（第二巻・昭和十三年）を見てみると、自動詞と他動詞とに別立項されていて、十一行と八行とでした。『日本国語大辞典』の前身ともいえる上田万年・松井簡治『修訂大日本国語辞典』（冨山房／初版・修正を経た版・昭和十四〜十六年）を覗いてみました。第二次大戦直前ということもありましたが、他動詞だけで七行でした。

さて、以下、私自身が直接ご縁のあった国語辞典で、その取り扱いの推移を辿《たど》ってみることにいたします。『角川国語辞典新版』（久松潜一・佐藤謙三編／昭和四十四年／編纂協力）は、㊀自①〜④ブランチ㊁他①・②ブランチの六行でした。『旺文社国語辞典』は、七版（守随憲治・今泉忠義・松村明編／一九八〇年・編纂委員）から十版（八版から松村明・山口明穂・和田利政編／〜二〇〇五年）まで参画させていただきましたが、八版から㊀他①〜⑤ブランチ㊁自①〜⑥ブランチとなりました。九版から㊂補動①・②として補助動詞が加わって、三十四行となり、十版で三十五行となりました。『ベネッセ表現読解国語辞典』（沖森卓也と共編／二〇〇三年）は、立項語を厳選して詳解する学習辞典ですので、事情が異なりますが、一ページと三段組みの上二段を取って、自・他・補動の順で、①〜⑳ブランチとしました。上接格助詞に注目し、構文的な視点から解説しました。それほどに、この間に解説の要領が開発された、ということでもありましょうか。

以上は、限られた一部の国語辞典の、「す」「する」の取り扱いについて、概略を紹介してみたに過ぎません。しかし、大方の、「す」「する」の取り扱いの推移を認識することができようかと思います。「す」「する」の語釈は、いわゆる訳語ではなく、用法を解説したうえでの言い換え表現が語釈として載っている、といっていいでしょう。

Q8

動詞「す」「する」は、活用の行も種類も同じで、自動詞としても他動詞としても用いられています。どうして、こうなったのでしょうか。自動詞が先なのでしょうか。他動詞が先なのでしょうか。そもそも、自動詞・他動詞の別は必要なのでしょうか。

A8

現代語「する」は、古典語「す」が変格であったのを受けて変格となったのですから、この問題、古典語「す」の自・他について申し上げるだけでよろしいでしょう。確かに、自・他の対応は、活用の行と種類とに注目して認識されます。「流る（自ラ下二）」と「流す（他サ四）」／「寄る（自ラ四）」と「寄す（他サ下二）」など、行・種類とも異なる語群、「（山）焼く（自カ四）」と「（山を）焼く（他カ四）」／「（子）育つ（自カ四）」と「（子を）育つ（他カ下二）」など、活用の種類だけが異なる語群、「終ふ（他ハ下二）」と「終はる（自ラ四）」／「治む（他下二）」と「治まる（自ラ四）」など、下二段型をラ行四段化して自動詞を派生した語群などが大勢を占めます。

もちろん「す」と同じように、活用の行も種類も同じで、自・他対応を見せる語群もあって、「（風）吹く（自カ四）」と「（笛を）吹く（他カ四）」／「（人）笑ふ（自ハ四）」と「（人を）笑ふ（他ハ四）」などです。「吹く」は上代から、「笑ふ」は中古の初めから、いずれも、自動詞・他動詞の用例が存在します。そして、お尋ねの動詞「す」も、上代から自動詞・他動詞とも用例が見られます。

お尋ねにはありませんが、変格動詞に注目しますと、このサ変「す」を除いて、カ変「来《く》」／ナ変「死ぬ」「往ぬ」／ラ変「あり」「をり」「侍り」とも、すべて自動詞です。そこで、サ変「す」も、古くは自動詞だけだったのではないか、とも思いたくなりましょう。ただ、文献として残る用例としては、『万葉集』歌にも、「鞆《とも》の音すなり」（①七六）／「鶴《たづ》の声《こゑ》すも」（⑮三五九五）など、自動詞あり、「国見をすれば」（①二）／「片恋《かたこひ》をせむ」（④七一九）など、他動詞ありです。その先後関係は、残念ながら、まったく見えてきていないようです。

さて、お尋ねの最後に、急に基本的な大きなご質問が現れました。まず、認識したいのは、自動詞・他動詞の別について、日本人は長く意識していなかったようだ、ということです。本居宣長《もとおりのりなが》の長男の春庭《はるにわ》という人が『詞《ことば》の通路《かよいじ》』（文政十一〔一八二八〕年に成り、翌年刊行）を著《あらわ》すまで自動詞・他動詞の別を取り上げた著作はないからです。西欧では、目的語を必要とする動詞を呼ぶ名称として、他動詞（transitive verb）という呼称が登場したとのことです。自動詞（intransitive verb）は、それにin（非）を冠して呼ばれてきています。日本語では、目的語となる語句は、格助詞「を」を添えて用いられます。ただ、その格助詞「を」は、目的語ではない語句にも添えて用いられますので、格助詞「を」だけで他動詞を特定することはできません。現代語動詞「する」にも、その点で、自動詞・他動詞の判断において悩まされる事例があります。古典語の表現においては、その格助詞「を」を表出しないで、しかし、ヲ格に読みとらなければならない表現もあって、いっそう悩まされるところがあります。

そのように、日本語動詞の自動詞・他動詞の別については、格助詞「を」だけでは判別できない用例群もあって、その自・他の別をあえて載せない辞典もあります。そうではあっても、学校文法では、自・他の別を取り扱うことを原則としています。外国語学習との関係から、その学習は必須といえましょう。そして、各辞典などご覧になると、辞典によって、その判断の異なるところも見られます。そういうところをQとしてお尋ねください。

Q9

自動詞・他動詞の別については、あまりこだわらなくていいということのようですが、しかし、一定の判断力は蓄えておきたいと思います。動詞「す」「する」の自動詞・他動詞の別は、どのようなことを手がかりに判別していったらよいでしょうか。

A9

動詞「す」「する」の自動詞・他動詞の判別に先立って、やはり、動詞全体の自動詞・他動詞の判別について、その手順を確認しておくことが必要でしょう。既習8で触れた本居春庭の研究がありはしましたが、自動詞・他動詞の問題は、いうまでもなく西欧文法から入ってきました。そこでも、自動詞・他動詞の、その判別についての手がかりをどこに求めるかが、学習の狙《ねら》いとなっていました。その西欧文法では、先ず目的語の有無を手がかりに、目的語が確認されたら他動詞と判断しました。目的語が存在しないから自動詞、というように判断しました。次に、主語と目的語とを転換して受身形がつくれる動詞が他動詞、そうでないのが自動詞と判断されました。しかし、日本語の場合、格助詞「を」は、自動詞の前にも位置する場合があるので、いろいろ試案が展開されました。

あの本居春庭の『詞の通路』には、「六段図《ろくだんのず》」という図表があって、そこにその説明が施されています。その説明も、いうならば、見分け方の説明でした。明治になってからの多くの文法書の自動詞・他動詞の項も、結局は、そのほとんどが、自動詞か他動詞か、その見分け方の説明でした。そして、現代の日本人が自動詞・他動詞を見分けるには、やはり、格助詞を手がかりにするよりほかなかったようです。

特に拠りたいのは、佐久間鼎《かなえ》という心理学者で国語学者であった人の『現代日本語の表現と語法改訂版』（恒星社厚生閣・昭和二十六年序・昭和三十二年発行）に見る見分け方です。⑴ガ格を必須とする動詞（自動詞）／⑵さらに、ヲ格を必須とする動詞（他動詞）／⑶さらに、ニ格を必須とする動詞（他動詞）というように、ガ格・ヲ格・ニ格の順に、その格関係を手がかりに見分けていく基準です。そのうえで、ヲ格であっても他動詞ではない動詞を、例外として認識していくことが考えられましょう。

日本語には、特に古典語には、格助詞「が」がなくても、格助詞「が」あるのと同じ関係が読みとれる構文があります。格助詞「を」がなくても、格助詞「を」があるのと同じ関係が読みとれる構文もあります。そのような語句とそれを受ける動詞との関係については、格助詞「が」があるのと同じ場合、その格助詞「が」がある場合も含めて、ガ格と呼び、格助詞「を」があるのと同じ場合、その格助詞「を」がある場合も含めてヲ格と呼びます。格助詞「に」や「と」などは表出されないことがないのですが、それらも、格関係として、ニ格、ト格などと呼びます。

動詞「す」「する」の自・他の判別は、まず、ガ格を手がかりに自動詞を判別することから進めるのがよいと思います。格助詞「が」の非表出の場合も、格助詞「の」で表現されている場合もありましょう。次は、ヲ格を手がかりにすることになりますが、ヲ格とニ格とを併せて、必須とするものは含みません。ここが、大事です。三番めは、ニ格と結びついた「す」「する」の判別です。これも、他動詞です。四番めは、先ほど、ヲ格から取り除いたヲ格とニ格と併せて必須とする「す」「する」です。これも他動詞です。最後は、ト格を手がかりとする「す」「する」で、これも、他動詞です。これで一往、完了です。用例が引いてないので、ご理解いただきにくかったと思いますが、追ってそういう視点からのQが配されます。

Q10

動詞「す」「する」には意味がないとわかっていながら、実際の表現には意味があるように見えるのは、その「す」「する」に先立って一定の語句があるからだ、と感じられてきました。この問題、どう認識していくのがよいでしょうか。

A10

動詞「す」「する」に意味があるように見えるのは、その「す」「する」に先立って一定の語句があるからだ、と見るのは、実に適切です。そういう語句があるから、「す」「する」に意味が発生するのだ、と見てもいいでしょう。それは、自動詞の「す」「する」についても他動詞「す」「する」についてもいえることです。

そういう考え方を書物のなかで述べているのは、既習6で紹介した山田孝雄『日本文法論』です。同書において形式用言とした動詞「す」について、その観念を担当する観念部分を「賓語《ひんご》」と称する、といっています。そこにいう「観念」は、いまいう概念ということです。そして、その賓語は、客語といってもいい、といっています。object の訳語なのでしょうが、その動詞「す」の概念を担う語句を広くそう呼んでいるようです。

そこに直ちに引かれる用例はいわゆるサ変複合動詞で、その語幹が「す」の概念である、といっています。「勉強す」も「迷惑す」も載っています。「勉強す。」は「勉強（ヲ）す。」ですから他動詞「す」でしょうし、「迷惑す。」は「迷惑（が）す（生ジル）。」ですから自動詞でしょうので、他動詞も自動詞も、それぞれ、その賓語があって始めて意味が見えてくる、といえましょう。賓語がなかったら、その「す」に意味がないことになってしまいます。そういう解説をしています。

用例も原則としては古典語であり、その解説はすべて古典文で書かれているのが、その『日本文法論』

です。中古の和文に頻用される「ものす」について、前後の文勢によってその概念を判定すべきだとして、「親などものし（居）たまはぬ人なれば、」「阿闍梨《あざり》にものし（言ひ）つけ侍りにき。」などと述べています。続いて、「歌合せんとて（歌合）しける時に云々。」「むかしの人の袖の香ぞする（匂ふ）。」という用例を挙げています。これも、前者が他動詞で、後者が自動詞です。どちらも、賓語の力を借りて、そこに意味を発生させていると見てよいでしょう。

その山田の『日本文法論』には、その賓語という術語が一一〇回現れます。この程度の紹介で、山田の考え方が伝えられたかどうか不安ですが、山田独自の術語なので、『日本国語大辞典』も登録してくれてありません。日本語学や、少し古い時期の国語学関係の辞典・事典類も、その立項を見ることはできません。松下大三郎という学者も時枝誠記という学者も、「す」「する」に強い関心を寄せていて、教えられるところが多々ありますが、山田の「す」「する」を取り立てた論述には及ばないでしょう。

「す」「する」の読解は、あえて取り組まなくても、理解できたような気持ちになってしまうからでしょうか、改めて学習しないままになっているのではないか、と思います。その「す」「する」は形式用言の一つに位置づけられるように、概念がありません。その無概念動詞「す」「する」は、賓語という先行成分のお陰で意味が発生するのですから、小学生、中学生にも気づかせるようにさせたいと思っています。

Q11

動詞「す」「する」には、資語が存在して始めて具体的な意味が発生することがわかりました。ただ、それはあまりにも当然すぎて、わざわざ学習などしないのではないでしょうか。この問題、どのように認識していくのがよいでしょうか。

A11

このお尋ねに詳細にお答えすると、本書に予定している、すべてのQ&Aに触れてしまうことになりましょう。そこで、小学校高学年生にも理解できる程度の平易な文例を作文して、試案として提示することにしましょう。その文例としての八用例のうち、(1)から(4)までは自動詞「する」の用例、(5)から(8)までは他動詞「する」の用例です。先行成分は傍線で示し、それぞれの動詞「する」の意味がどのように発生するかを解説していきます。

(1)渋谷駅前のハチ公の所で幼稚園時代の友人に出会って、びっくりした。

実は、この用例だけが、動詞「する」ではないのです。現行一般の取り扱いとしては、「びっくりする」という複合動詞です。ただ、その「し」が「びっくり」という副詞を先行成分とすることで、〈感じる〉意を発生させていることを観察させたいと思ったからです。

(2)北風の吹きすさぶ校庭に並ばせられたもので、みんな寒けがしてきた。

先行成分「寒けが」を受けて、その「し」に〈生じる〉〈感じられる〉意が発生している、といえましょう。

(3)自転車でお年寄りと衝突し、五万円もする時計を弁償させられた。

先行成分「五万円も」を受けて、その「する」に〈値がする〉意が発生している、といえましょう。ただ、その「値がする」も、「する」を用いた表現で、金額をいうこの表現は「する」の力を借りなければ表現できないようです。

(4)それから一時間するとと、彼は彼女を連れてやって来た。

先行成分「一時間」を受けて、その「する」に〈経過する〉意が発生しています。

(5)遊んでばかりいないで、しっかり勉強をしなさい。

先行成分「勉強を」だけでなく、「しっかり」も受けて、その「し」には〈励む〉意までが発生してきています。ただし、その「励む」を用いて表現するには、上接格助詞をヲ格から二格に改めて、「勉強に励みなさい。」と言い換えることになるでしょう。

(6)国家公務員たる者が違法行為をするとは、絶対に許せない。

先行成分「違法行為を」を受けて、その「する」に〈犯す〉意が発生しています。

(7)同窓会で再会できるのを楽しみにしています。

先行成分「同窓会で再会できるのを」「楽しみに」を受けて、その「し」には、〈期待する〉意が発生しています。

(8)今日の昼食は、カレーライスにすることにした。

先行成分「今日の昼食は」「カレーライスに」を受けて、その「する」には、〈決める〉意が発生しています。「今日の昼食は」の「は」の陰にはヲ格が隠れているので、先行成分として必須の関係にあるものと見なければなりません。

以上は、小学生用学習試案です。右の各文例について、それぞれの先行成分なくしては、動詞「する」に意味が存在しないことをもって、「する」の学習の重要性を認識していったらいかがでしょう。

Q12

動詞「す」「する」がガ格となる語句を受けて用いられたとき、その「す」「する」が自動詞であることは理解できました。そのような自動詞「す」「する」は、古典語の時代から現代語に至るまで、どのように展開してきたのでしょうか。

A12

早速、ガ格となる語句を受けて用いられる自動詞「す」から「する」への概略を紹介いたします。

最も古い『万葉集』歌の用例については、既習8に引いてあります。ガ格ですが、まだ格助詞「が」は表出されていません。連体修飾語を冠した「音」「声」で、他に「足《あ》の音《おと》」「梶《かぢ》の音」「なか弭《はず》の音」「水夫《かこ》の声《こゑ》」などが見られました。「馬の音そする」(⑪二五一二)のように、ガ格となる語句が係助詞「そ」を伴った用例もありました。同趣の用例として、「君が音そ」「人の音も」なども挙げられます。そのなかに、「にほひはすとも」(⑯三八七七)がありました。赤く美しく映えることを意味する「にほひ」を受けている用例です。『古今和歌集』歌の「昔の人の袖の香ぞする」(③夏一三九)は、この用法の大きな広がりの契機となったといっていいでしょう。現代語においては、広く印象的な音・味・香りなどが感じられたとき、それらを自動詞「する」で受けとめていく表現が可能となりました。「地響きがする」「稲光《いなびかり》がする」も、この一群でしょうか。以上がA群です。

「人けのすれば、」(枕・三六)や「見劣りやせむと」(源氏・若紫)などは、人間が発現する印象を受けとめた「す」といえましょう。その中古という時代に登場した「心地」が連体修飾語を必須として、この自動詞「す」と結びつきました。「鼬《いたち》のはべらむやうなる心地のしはべれば、」(源氏・東屋)などです。「心地」のほか、「さま」「けはひ」なども連体修飾語を冠して自動詞「す」と結びついて、〈感じられる〉意を表しました。この一群が、いま、同じく連体修飾語を必須とする「寂《さび》しい思いがする」

「辛《つら》い思いがする」となっていようかと思います。「気後れがする」「胸騒ぎがする」なども、この流れのなかに生まれた表現でしょうが、ガ格を表出しない「気後れする」「気落ちする」も用いられていて、取り扱いは、複合動詞となります。この一群をB群としましょう。

次は、A群・B群が瞬時の印象を受けとめる表現であったのに対して、それが性質となっている状態を捉えていう自動詞「する」が、ガ格となる語句を受ける「する」として存在します。この該当用例は、少なくとも上代・中古には見られないようです。そして、その「する」は、もっぱら「…のした」の形で現れます。「床擦《とこず》れのした背中」「日焼けのした顔」などが、それです。その「た」は、完了というより存続でしょう。状態を表すところから要求されたのでしょう。「の」は、もちろん〈が〉の意で、ガ格です。この一群、C群となります。

自動詞「す」「する」には、ガ格となる語句を受けない用法もありますが、ガ格となる語句を受ける自動詞「す」「する」の用法は、以上です。さて、このガ格となる語句を一般は主語としてしまっていますが、時枝誠記『国語学原論』（岩波書房・昭和十六年）では、対象語としています。「私は水がほしい」などの「水が」の「が」と同じ用法の「が」と見るわけです。ガ格となる語句を受ける、「す」「する」は、「ほしい」とも通うようです。

Q13

現代語動詞「する」がヲ格となる語句を受けて用いられたとき、その「する」は他動詞となるように感じていますが、そう思ってよいでしょうか。ところで、そのヲ格となる語句は、どのように認識していったらよいでしょうか。

A13

ヲ格となる語句を受けて用いられている現代語動詞「する」がすべて他動詞であるとはいいきれないのですが、大方、そのように理解していてよいでしょう。ただ、ニ格となる語句とヲ格となる語句とを併せて受ける動詞「する」とは別扱いする姿勢が必要です。あくまでも、ヲ格となる語句だけを受ける「する」に限って、まず他動詞と受けとめましょう。

近年、二字漢語名詞をヲ格となる語句にした、その語句を受ける「する」が圧倒的に多くなりました。そのうちの一群は、「回収をする」「観察をする」「実験をする」「選考をする」などで、Ⅰ(a)群とします。いま一群は、「外出をする」「介入をする」「餓死をする」「活躍をする」などで、Ⅰ(b)群とします。以上の用例に見る「する」は、いずれも他動詞です。ただ、Ⅰ(a)群を「回収する」「観察する」「実験する」「選考する」としたとき、それらは、それぞれが一単語の複合動詞となります。そして、一単語の他動詞です。次に、Ⅰ(b)群も「外出する」「介入する」「餓死する」「活躍する」としたとき、一単語の複合動詞ですが、しかし、一単語の自動詞です。

次は、カタカナ外来語をヲ格となる語句にした、その語句を受ける動詞「する」が注目されます。その一群は、「カバーをする」「バックアップをする」などで、Ⅱ(c)群とします。いま一群は、「カンパをする」「プレイをする」などで、Ⅱ(d)群とします。以上の用例に見る「する」は、いずれも他動詞です。そこで、Ⅱ(c)群を「カバーする」「バックアップする」としたとき、それらは、それぞれが一単語の複合動詞で、他動詞です。続いて、Ⅱ(d)群を「カンパする」「プレーする」としたとき、それらは、それぞれが一単語の複合動詞ですが、自動詞です。Ⅰ群・Ⅱ群に共通する傾向です。Ⅰ・Ⅱ群とも、動作性の感じられる名詞です。この傾向に注目したいと思います。

さて、次に、和語名詞がヲ格となる語句として、それを「する」が受ける用例を見ていくことにします。「商いをする」「盗みをする」などが、まず挙げられます。「商い」も「盗み」も、動詞「商う」「盗む」の連用形が名詞化したものです。「聞き取りをする」「申し開きをする」は、やはり、複合動詞「聞き取る」「申し開く」の連用形が名詞化したものをヲ格となる語句にしています。「雪遊びをする」「雪下ろしをする」も、その「雪遊び」の「遊び」と「雪下ろし」の「下ろし」は、動詞の連用形が名詞化したものです。以上、この一群は動詞の連用形が名詞化した連用形名詞とでもいっていい名詞がヲ格となる語句となっています。古典語の時代はこの一群が圧倒的に多かったのです。現代語では限られてきています。この一群、Ⅲ(e)群としましょう。

次も、和語名詞をヲ格となる語句とした、その語句を受ける「する」です。「お清めをする」「お祓《はら》いをする」「お弔《とむら》いをする」は、連用形名詞「清め」「祓い」「弔い」に接頭語「お」が冠せられて、名詞性が深まったものをヲ格となる語句にした、その語句を受けている「する」で、もちろん他動詞です。「お供をする」も似ていますが、「供」は、動作性の感じられない名詞です。「芝居をする」は、〈だます〉意とまでなっています。この一群、Ⅳ(f)群とします。

最後のⅤ(g)群は、連体修飾語を必須とする名詞をヲ格となる語句として、その語句を受ける「する」の一群です。「禁じられていることをする」「寂しい思いをする」などです。以上で、他動詞「する」のヲ格となる語句、おおよそ見えてきたでしょうか。

Q14

古典語の他動詞「す」もまた、ヲ格となる語句を受けて用いられているのでしょうか。ヲ格ではあっても、古典語の時代には格助詞「を」が表出されないことがあったようで、そのような用例については、どう判断したらよいのでしょうか。

A14

古典語の他動詞「す」もまた、ヲ格となる語句を受けて用いられていました。ただ、古典語の時代には、ヲ格の語句ではあっても、そこに格助詞「を」が表出されていない用例を多く見るのです。当代は、主格を表す際も、現代語のように、そこに格助詞「が」を用いることはありませんでした。格助詞「を」以上に、主格の格助詞は表出されませんでした。従属節的な構文ですと、そこに格助詞「の」が主格を担う格助詞として用いられましたが、そうでない文では、表出されないのが一般でした。そこで、時には、その語句が、主格かヲ格か、悩まされることもありました。「与作が木を伐る。」を「与作、木伐る。」といっていたのが、当代の表現だったのです。

具体的なお答えとして、上代のヲ格となる語句を受ける他動詞「す」の用例を『万葉集』歌から引いて紹介します。「釣《つり》(ヲ)する海人《あま》の」(⑨一七二五)、「宿《やど》り(ヲ)するかも」(⑫三二一五)などは、「釣」「宿り」が非表出のヲ格となる語句なのか、「釣す」「宿りす」という複合動詞なのか、悩ませられます。「船《ふな》出《で》(ヲ)して」(③二四六)「宮仕《みやづか》へ(ヲ)せむ」(⑮三八五五)も、同じように悩まされます。ただ、それら「釣」「宿り」「船出」「宮仕へ」は、名詞と見ても、動作性名詞です。前二用例は、ともに動詞連用形が名詞化した連用形名詞であり、後二用例も複合名詞としての後項が動詞連用形から名詞化したものです。「門出《かどで》をすれば」(⑳四三九八)も、その「門出」は動作性名詞ですが、格助詞「を」が表出されて、他動詞「す」の先行成分となっている数少ない用例です。

中古に入ると、漢語を語幹とするサ変複合動詞が登場します。一字漢字語幹の「具す」「奏す」は動詞でしかありませんが、二字漢語に続く「対面す〔ヲ〕」「行幸す〔ヲ〕」も、複合動詞でしょうか。一方、ヲ格を表出してヲ格となる語句を受ける他動詞「す」の用例「消息《せうそこ》をして」（伊勢・異七）も現れました。その「消息」が動作性名詞ではないからでしょうか。『源氏物語』を見たとき、「なかなかなるもの思ひをぞし給ふ。」（桐壺）とありました。格助詞「を」を用いて、「し（→す）」に続けています。しかし、漢語名詞には、「行道する〔ヲ〕ものは、」（明石）「唱歌し〔ヲ〕給ふ。」（少女）のように、ヲ格に読めても格助詞「を」を表出している用例を見ることはできませんでした。

『平家物語』でも、連体修飾語付き和語名詞からなる語句をヲ格語句としたところでは、格助詞「を」を表出する「いやしき下臈《げらふ》のまねをして、」（巻一・願立）「すまじき事をし給へり。」（巻四・競）などと表現されています。そうではあっても、漢語名詞に続く「す」については、「僉議《せんぎ》す〔ヲ〕」「同心す〔ヲ〕」など、複合動詞形でした。「其の用意せよ。」（巻二・教訓状）は、「用意」に「其の」という連体修飾語が冠せられているので、「其の用意〔ヲ〕せよ。」と解するところです。それでも、格助詞「を」を表出することはありませんでした。この「せよ」は、単独の他動詞と判断しなければならないでしょう。

他動詞「す」を確認する手がかりとしてのヲ格となる語句も、時代によって、その推移が窺《うかが》えます。中古・中世には、連体修飾語を冠した名詞がヲ格となる語句として、他動詞「す」の先行成分となっている表現を見ることになりました。しかし、現代語に多い二字漢語名詞がヲ格となる語句として他動詞「す」の先行成分となる用例は、まったく見られません。近代を迎えるまで、待つことになります。

Q15

現代語動詞「する」が二格となる語句を受けて用いられたとき、その「する」も他動詞として一定の意味を発生しているように思いますが、そう見てよいでしょうか。このような表現は、古典語の時代から見られたのでしょうか。

A15

二格となる語句を受けて用いられている動詞「する」は、おっしゃるとおり、他動詞であるといっていいでしょう。ただ、ヲ格となる語句と二格になる語句とを併せて受ける動詞「する」ににつ いては、二格となる語句を受ける点では共通しますが、できるだけ別扱いして見ていきたいと思います。

「この辺で休憩時間にしよう。」と言ったりします。そもそも、時間は、各人が勝手に決めることなどできません。ここにいう「休憩時間」は、作業の進捗《しんちょく》状況などから、午後三時ではないが、家族や職場の休息のための時間を決めてそれを実行しよう、と言っていることになります。この用例でも、その背景には「今の時間を」ぐらいの内容が隠れていて、「この辺で〔今の時間を〕休憩時間にしよう。」ということだともいえましょう。「朝食にする」「終了にする」など、みな、その時間を特定の時間に決めて実行する点で共通します。Ⅰ群とします。

右の表現に近いものとして、「紅茶にする」「コーヒーにする」があります。これは、休憩時間にする意の「お茶にする」が契機となって派生したように思えます。「カレーライスにする」「お寿司《すし》にする」も、この一群で、飲食する対象を特定する表現です。Ⅱ群としておきます。

このような表現は、形式名詞「こと」を用いた「…ことにする」や、助動詞「ようだ」を用いた「…ようにする」によって、目的を示して決意を表す表現から派生したのではないかと思います。「一日に二時間は読書することにした。」「一日に一万歩は歩くようにしたい。」などです。この一群も、「この一年間、〔大学を〕休学することにした。」などが背景に見えてはきます。しかし、そのヲ格となる語句を要しないものを、Ⅲ群としましょう。

その後、そのニ格となる語句とそれを受ける「する」とが定着して、慣用句性を見せるようになっていきました。「公にする」「気にする」「馬鹿にする」です。「公にする」は、著作を公表する際に用います。「気にする」は、心配したり心にとめたりする際に用います。「馬鹿にする」は、侮《あなど》る意を表します。この一群、Ⅳ群とします。

さて、このニ格となる語句を受ける「する」は、古典語の時代、どのようであったかというお尋ねですが、『万葉集』に載る藤原鎌足《ふじわらのかまたり》の「皆人《みなひと》の得かてにすといふ安見児《やすみこ》得たり」（①九五）が、その原点であろうと感じています。「得かてに」の「かて」は〈耐える〉意の動詞「かつ」の未然形、「に」は打消の助動詞「ず」の連用形です。〈得ることができなく〉ということです。みんなが手に入れられそうもなく決めている采女《うねめ》といわれる女官の安見児を娶《めと》った喜びを歌っています。このような用例のニュアンスが、後世の、ニ格となる語句を受ける「する」となったのでしょう。「あざれたるもの覗《のぞ》きは、いと便なきことにするを、」（大鏡・道長）は、無量寿院参詣の貴人を覗き見したことを語っているところで、ニ格となる語句「いと便なきことに」を「する」で受けて、〈不謹慎なことに決めている〉といっていることになりましょう。こういう用例があって、現在のニ格となる語句を受ける「する」となっているのでしょう。

Q16

二格の語句が「する」を伴った「玩具《おもちゃ》にする」「袖にする」は、慣用句として〈弄《あそ》ぶ〉〈すげなく扱う〉意となっていましょうか。どうしてそういう意味になったのでしょうか。また、二格の語句が「する」を伴った慣用句をさらに紹介してください。

A16

「公にする」「気にする」「馬鹿にする」の「公」「気」「馬鹿」に対して、「玩具にする」「袖にする」の「玩具」「袖」が、「玩具」「袖」の一般的な意味と違うところからのご質問と思います。その「玩具」は、子どもが遊ぶ玩具ではありません。「袖」は、着物の袖ではありません。慣用句となってからの意味の変化かどうか、というお尋ねでしょうか。

「玩具《おもちゃ》」の「お」は、敬語の接頭語、もともと、「おもてあそびもの」といっていたものが、「おもちゃ」になったのです。その「もてあそび」は、動詞「もてあそぶ」の連用形が名詞化したものです。現代人は、おもちゃというと、子どもが遊ぶ玩具しか浮かんできませんが、古くは、〈遊ばれる人〉を指していっていたようです。そういうわけで、明治のころから、〈慰みものにする〉意で用いています。

「袖」も、着物の袖だけではありません。牛車《ぎっしゃ》の後方に張り出した部分や舞台の両脇部分から広く付属物を指していっていましたところから、〈疎略〉の意ともなっていました。中世末の抄物《しょうもの》に「吾がおやを不幸そでにしして」（玉塵抄・二四）とありました。もともと、〈疎略にする〉意味だったと見てよいようです。

では、同趣の慣用句を紹介してまいりましょう。まず、「首にする」が挙げられます。「首」も、身体部位名称の首でいいようです。そこで、古くは〈関係を断つ〉意でした。〈解雇する〉意になるのは、近世末からで、「くびにされるものができきしたから」（洒落本・祇園祭桃燈蔵）が初出です。そういうわけで、〈解雇する〉意の「首にする」は、慣用句になってからの転義ということになります。

「為《ため》にする」は、「為」が「人のため」とか「勝つため」とか、連体修飾語を冠して用いる形式名詞的な名詞であるところから、現代人には、少々遠い存在となりましたでしょうか。〈下心をもって働きかける〉意といえましょう。近世末から用例を見ます。

「灰にする」は、結果としての「灰」に向けて「する」のですから、〈焼いてしまう〉意となります。いま一つの意味として、〈火葬にする〉意もあります。これは、「灰になる」から、それに対応するものとして生まれたもののように思えます。

「水にする」は、〈無駄にする〉意で、あの武田信玄・勝頼の事績を書いた軍学書に「あとの勝利を水にせぬやうにあれば、」（甲陽軍鑑・品五二）とありました。その「水にする」は、「腰の子をみづにした娼妓《こども》」（洒落本・粋好伝夢枕）ともあって〈堕胎《だたい》する〉意でも用いられていました。〈流す〉意から、そういってしまったのでしょうか。

「懐《ふところ》にする」は、〈懐中に持っている〉ことだと思っていましたら、〈手に入れる〉意味を載せていた辞典もありました。時代劇の悪代官の仕草を見ての誤用のようにも思います。

時代劇といえば、その台詞《せりふ》からは、「無き者にしてくれよう。」という声が聞こえてきましょう。「無き者にする」で、〈殺す〉意を表していることになります。

まだまだありましょうが、慣用句らしい印象度の強いものを拾い上げてみました。

Q17

現代語動詞「する」が、ト格となる語句を受けて一定の意味を発生させていることを認識したいと思います。そのような用例は、古典語動詞「す」にも見られたのでしょうか。その卜格は、二格である場合と、どう違うのでしょうか。

A17

お尋ねにはありませんが、ト格となる語句を受ける動詞「す」「する」も、他動詞です。そして、お尋ねにあるように、そのト格は、現代語の場合、二格でも表現できてしまいます。そして、ここでまた、この場合の構文については、ヲ格となる語句とト格となる語句とを併せて受ける「する」は含めないことにしようと思います。

ト格となる語句に続く「する」として、まず注目されるのは、「日本国憲法」に見る「衆議院議員の任期は、四年と する 。」（第四十五条第一文）「両議院の会議は、公開と する 。」（第五十七条①第一文）などです。これらは、当初、その「する」は決定する意だったでしょうが、そう定められてからは、それに従って取り扱うことを示すことになります。そこで、その「と」は〈として〉の意となり、「する」は〈取り扱う〉意に読みとれます。Ⅰ群です。

そのⅠ群の用例も、当初は、〈決定する〉意でした。時には、〈認定する〉意ともなります。改めて用例を引くと、「母への贈り物は、ハンドバッグと し た。」「これで終了とは し ない。」「六十点以上の者は合格と する 。」などです。Ⅱ群とします。

実は、右のⅠ群もⅡ群も、ヲ格となる語句を隠しているのです。ヲ格となる語句として明確に示していないだけです。でも、そのようにヲ格となる語句が明確に現れない場合に、このト格となる語句を受ける「する」が現れてくるようです。ヲ格となる語句が現れていると、どちらかというと、二格となる語句が続いて、ヲ格となる語句と二格となる語句とを併せて「する」が受ける、そういう構文となるようです。

さて、このト格となる語句を受ける「する」は、古く古典語の時代にも、ト格となる語句を受ける古典語動詞「す」として確かに存在しました。『古事記』の訓読文などに見ることができるのです。「大穴《おほあな》牟遅神《むちのかみ》に袋を負《おほ》せて、従者《ともびと》と為《し》て、」(上巻・大国主命)「久米直《くめのあたひ》が祖《おや》、名は七拳脛《ななつかはぎ》、恒《つね》に膳夫《かしはで》と為《し》て従ひ仕へ奉りき。」(中巻・景行天皇)などです。ト格となる語句を受ける「す」は、このような日本漢文においてだけでなく、外国語としての古代中国語文を訓読するところから生み出されたものと見てよいでしょう。〈任じる〉意です。〈役割分担させる〉とも訳せます。Ⅲ群としておきましょう。

ト格となる語句を受ける「する」については、その「する」に受身の助動詞「れる」が付いた「される」となる場合にも注目しなければならないようです。「彼が被疑者とされている。」などです。このような受身表現となる場合のト格となる語句は、周囲から疎外されるような立場にある人物や組織を特定していうものに限られましょうか。一群とするほどではないかもしれませんが、Ⅳ群としておきましょうか。

ト格となる語句は、二格となる語句でも表現できます。そうではありますが、ここでは、ト格で表現される傾向ある場合について申し上げてきました。古典語に遡《さかのぼ》っていうと、ト格と結びつく「す」は、訓読文に見る表現でした。二格と結びつく「す」は、和文に見る表現でした。現代語文の諸用例は、それらが混交された結果ということになりましょう。

Q18

現代語動詞「する」には、ヲ格となる語句と二格になる語句とを併せて受けて用いられている用例を多く見ます。そういう関係にある「する」は、どのように認識していったらいいでしょうか。また、それらは、どのくらいに類別できるのでしょうか。

A18

おっしゃるとおり、この構文の「する」は、多くの用例があって、幾つかに類別して認識していくのがよいでしょう。ただ、その該当用例があまりにも多いので、あまり細かい類別基準は設けないほうがいいでしょう。

まず、Ⅰ類を「AをBにする」で表します。「子どもを医師にする。」「高校の後輩を自身の補佐にする。」などで、自身が庇護する関係にある人物を、ある職業や地位につける際に用います。〈育て上げる〉だったり、〈取り立てる〉だったりするようです。

Ⅱ類を「CをDにする」で表します。「薄い鉄板をフライパンにする。」「鯖《さば》を干物にする。」などで、原材料を加工して製品につくり上げる際に用います。〈仕上げる〉意です。

Ⅲ類を「EをFにする」で表します。「本を枕にする。」「チャブ台を勉強机にして執筆した。」などです。後用例は、「チャブ台を勉強机代わりにして」ともいえるように、この一群は、本来それを目的とはしない家具などを便宜的に代用する場合に用います。〈代用する〉に言い換えられます。

Ⅳ類を「GをHにする」で表します。「父の生き方を手本にする。」「今年度中の昇段を目標にしている。」などで、向上を目ざして努力する姿勢を示すときに用います。向上に向けての目安を述べる旨、あらかじめヲ格となる語句で示し、その具体的な拠りどころや内容を二格となる語句として表現することもありましょうか。「生きる手本を父の生き方にする。」「今年度の目標を昇段することにしている。」などですが、普遍性ある表現形式ではないかもしれません。代表的な類別からは外しておきます。

V類を「IをJにする」で表します。「担任の先生を友だちにして遊んでいる。」「日本語の話せない留学生を百人一首サークルのメンバーにしてしまった。」などで、異質な関係にある人物などを同等に扱ってしまったりした場合に用いるようです。無理が見えているのに、その行為をしてしまった後で、後悔の思いもあっていう場面で用いるようです。

以上は、殊に配列順などについては、かねてから気づいていた順に、便宜的に列挙したに過ぎません。その、A・B／C・D／E・F／G・H／I・Jというのも、それぞれの格助詞「を」「に」の上の語句の語義整理の便法として、そうしたに過ぎません。ただ、その文字符号をつけて、類別しながら拾い集めているということでしかありません。

実は、まだまだあるのです。それほどに、この構文の「する」表現は多いのです。それは現代の日本人が増やしつづけているということでもあるのです。多様な動詞で表現していたところを「する」だけで表現できるということは、この構文の力を借りて、表現を機械化しているともいえましょう。

ところで、この構文で「する」を用いた表現のなかに、それまでの日本語に、それと同じ内容や近い内容を表す表現があったかなかったか、確認したいと思っています。もしなかったとしたら、新しい内容の発見です。あったとしたら、以前の表現が引退したことになりましょう。「する」を用いた時代の構文があまりにも強くなることに、ちょっと不安を感じてもいます。

Q19

現代語動詞「する」には、ヲ格となる語句と二格となる語句とを併せて受ける用例がいかに多いか、十分に認識しています。ついては、そのような構文を受ける用法は、古典語「す」にもあったのでしょうか。いつごろから見られるのでしょうか。

A19

古典語動詞「す」にも、現代語動詞「する」に見る、ヲ格となる語句と二格となる語句とを併せて受ける用法が見られます。中古と呼ばれる平安時代から見られます。作品名でいうと、あの『源氏物語』から、急に多くの該当用例を見せることになります。早速、そこに見る具体的な用例を紹介してまいります。類別というほどの整理はできていません。特徴らしいものが見えた順に挙げてまいります。

(1)…、よき君達を婿にして思ひあつかひけるを、…。(手習)

小野の僧庵の主人である母君の娘も尼で、娘がいて、その娘によき公達を婿として迎えたのです。このように、ある人物を親しい関係者として位置づける用例は、六用例認められました。

(2)右大将などをだに、心にくき人にすめるを、…。(蛍)

鬚黒《ひげぐろ》の大将などをさえ、玉鬘の婿として世間では立派な人物として位置づけているようだが、というところです。このように、ある人物を評価できる存在として位置づける用例は、八用例認められました。

(3)御前に渡れる廊を、楽屋のさまにして、仮に胡座《あぐら》どもを召したり。(胡蝶《こてふ》)

秋好《あきこのむ》中宮がご座所に通じる廊下を楽屋(=この場合、み読経《どきょう》の行事の控え室)の体裁に設《しつら》えて、というのです。このように、ある居室をある一定の目的をもつ居室に位置づける用例は、四用例認められました。

(4)右近「…、人にもの思ふ気色を見えんを恥づかしきものにし給ひて、…。」…。（夕顔）

夕顔急逝の後、源氏が右近に夕顔の素性を尋ねた折の、右近の回答の一部です。夕顔は、人に物思いをしているように見られることを恥ずかしがる性格だった、というのです。「恥づかしきものにす」が、一語動詞「恥づかしがる」に相当するわけで、ここは、恥ずかしいこととして位置づけなさって、ということになります。このように、ある行為・行動などを特定の心象を与える存在として位置づける用例は、六用例認められます。

(5)兵部卿宮《ひやうぶきやうのみや》に対面《たいめん》し給ふ時は、まづこの君たちの御事をあつかひぐさにし給ふ。（椎本）

中納言（＝薫）は、兵部卿宮（＝匂宮）と対面なさるときは、何よりも先に、この姫君たちのことを話題になさる、というのです。このように、ある人物を取り巻く話題性ある事柄を話題として位置づける用例は、三用例認められます。

(6)野にとまりぬる君達、小鳥しるしばかりひきつけさせたる荻の枝など〔ヲ〕苞にして奉れり。（松風）

鷹狩《たかがり》を行い、旅寝をして夜を明かした若殿たちが、獲物《えもの》の小鳥を、ほんの少しばかり結びつけた荻《おぎ》の枝などをお土産《みやげ》として参上した、というのです。その荻の枝を苞《つと》（＝お土産）に変身させたのです。このように、ある原材料を人工的な製品にしたり、贈り物として位置づける用例は、三用例認められます。

さらに、何類型かが認められました。同じ中古の物語でも、『源氏物語』において、この表現形式は急激な発達を見せたのでした。

Q20

「子どもを医師にする。」のヲ格語句とニ格語句との語順や「贈り物を花束とする。」のヲ格語句とト格語句との語順は、変えられません。では、「酒屋に味醂《みりん》の注文をする。」「級友と弁論大会出場の表明をする。」などは、どう理解したらよいのでしょうか。

A20

お答えに先立って、ヲ格語句とニ格語句との関係やヲ格語句とト格語句との関係について、念のため、確認をしておきたいと思います。これら構文を受ける動詞「する」は、その構文によって担う意味が拘束されているのです。制約されるといってもいいでしょう。それらは、それぞれ、ヲ格語句とニ格語句という組み合わせやヲ格語句とト格語句という組み合わせによって、それらを受ける「する」が拘束されることになるのです。この関係を十分に理解しておいてください。

それらに対して、「酒屋に味醂の注文をする。」や「級友と弁論大会出場の表明をする。」の「する」は、それぞれのヲ格語句である「味醂の注文を」や「弁論大会出場の表明を」からしか拘束されていません。制約されていません。「酒屋に」は「味醂の注文をする」という行為の対象です。相手です。「級友と」は、「弁論大会出場の表明をする」という行為を共にする共同行為者を指しています。それぞれの格助詞「に」の意味や格助詞「と」の意味を、よく考えてみてください。

「子どもを医師にする。」の「に」や「贈り物を花束とする。」の「と」は、同じ格助詞でも、機能が違います。「医師にする」の「に」は、帰着点を示していることになりましょうか。「酒屋に」の「に」とは違います。こちらは、行為の対象を示しています。「花束とする」の「と」も、帰着点を示すといっていいでしょうか。結果といったほうが、適切だったでしょうか。「に」と「と」に、微妙な違いが感じとれると思います。

「酒屋に味醂の注文をする。」型構文の場合、そのヲ格語句の「を」の上は、ニ格語句の人物に向けてはたらきかける注文・依頼・委託・任命などの行為を表す語彙に限られます。このような文の主語は、動作主です。ニ格語句には、その動作主がはたらきかける相手が示されています。ヲ格語句は、そのはたらきかける注文内容・依頼内容・委託内容・任命内容などとなりましょう。そこで、ヲ格語句は、連体修飾語を冠した「注文」「依頼」「委託」「任命」などに「を」が付いた語句となるのです。

「級友と弁論大会出場の表明をする。」型構文の場合、そのヲ格語句の「を」の上は、ト格語句の人物とともに行う表明・公開・登録・販売などの行為を表す語彙となります。このような文の主語も、動作主です。ト格語句には、その動作主が行為を共にする相手が示されています。ヲ格語句は、行為を共にする表明内容・公開内容・登録内容・販売内容などとなりましょう。そこで、ヲ格語句は、連体修飾語を冠した「表明」「公開」「登録」「販売」などに「を」を付けた語句となるのです。

ここで改めて、動詞「する」を拘束する語句には、その緊密度に濃淡があることに気づきたいと思います。格助詞「に」「と」については、その濃淡がはっきり見えました。併せて、ここでは、文法として学習する構文にも、そこに用いられる語彙と関係することがある、ということにも気づかされました。この構文にこの単語は相応《ふさわ》しいか相応くないか、という眼《め》も必要です。

Q21

現代語動詞「する」は、形容詞・形容動詞の連用形を受けて用いられますが、すべての形容詞・形容動詞に付くということではないようです。「する」が付く形容詞・形容動詞と、「する」が付かない形容詞・形容動詞とが、何らかの基準で、分けられるのでしょうか。

A21

お気づきのとおり、動詞「する」は形容詞・形容動詞の連用形に付くとはいっても、その形容詞・形容動詞の意味の偏りというか、意味の傾向によっては、それらを受けることを拒むようです。同じ形容詞・形容動詞連用形でも、その意味群によって、受ける意味群と受けない意味群がある、といえるようです。ただ、その境目を判断することは難しく、さらには、無理を承知で、あえて表現して、そこに魅力を生もうとする場合もありえなくはないと思えて、悩まされること多い表現とかねてから思っています。また、お尋ねにはありませんが、この形容詞・形容動詞の連用形を受ける「する」を、一般には自動詞と判断していますが、一概にそうともいえないような用例にも出会うことがあります。

形容詞を受ける「する」から見ていきます。現代語形容詞については、活用のうえからは、ク活用・シク活の別は不要とされています。ただ、シク活用は心情形容詞であり、ク活用は属性形容詞であるという性格からは、その視点にも配慮したいと思います。

シク活用系の心情形容詞の場合、「楽しくする」「優しくする」など、ポジティブというか、前向き姿勢の表現が一般で、「寂しくする」「悲しくする」は一般的ではないように感じます。ただ、一般的ではない振る舞いや姿勢を表そうとしたときや、そう表現することで、それで魅力ある表現としようとすることもあろうか、とも思えてきます。「嬉しくする」は、「楽しくする」とは違い、それは、故意にする行為ともいわれそうです。そして、自動詞としていいのか、ともいわれそうです。

ク活用であっても、「早くしろ。」という命令表現となると、心情に関わるようにも感じられます。しかし、ク活用一般は、「長くする」「短くする」「広くする」「狭くする」は、距離や面積について、どういう方向に向けて作業するかしか見えてこないようです。

形容動詞は、和語形容動詞に限って見たとき、現代語として残っている単語そのものが極めて限られてしまっています。「静かにする」「穏やかする」などでしょうか。「疎《おろそ》かにする」は、もっぱら禁止表現「疎かにするな。」になっていましょう。

明治・大正・昭和と増えつづけたのが、漢語形容動詞でした。「きのうまで二字漢語名詞だと思っていた単語がきょうはもう形容動詞になっていた。」という声を何度も聞いたことがあります。それほどに多くなった漢語形容動詞ですが、その連用形を受けて用いる「する」は限られます。近世に「心ざし無下にした。」（浄瑠璃・万年草・上）という用例を見る「無下なり」は、早く中古には登場していた古手の漢語形容動詞でした。「元気にする」は、あってよい表現ですが、実際に女子高校生が使っていたのは、「元気する」でした。

古く『万葉集』歌に、「手向《たむ》けよくせよ」（④五六七）「おほろかにすな」（⑧一四五六）などを見ます。前者は形容詞連用形に「す」の命令形が付いており、後者は形容動詞連用形に「す」と禁止の終助詞が付いています。命令表現や禁止表現に関わる傾向は、現代にも及んでいます。用例は、古典語の時代も、現代に至っても、多くはありません。

Q22

現代語動詞「する」が、時間を表す語句を受けて用いられたとき、〈経過する〉意を表し、金額を表す語句を受けて用いられたとき、〈（値段分の）価値がある〉意を表すようになるのは、いつごろからですか。また、どうしてそういう意味となるのですか。

A22

時間を表す語句を受けた動詞「する」が〈経過する〉意を表す初出用例は、中世末の抄物《しょうもの》のなかです。「後三日か五日かして」（史記抄・一五）です。ほぼ現代語と同じと見てよいでしょう。

現代語では、選択の表現「三日か五日か」は、「三日か五日」でいいでしょう。〈あと三日か五日経過したら、〉と解せるところです。近世に入ってからですが、「もそっとしてから、」（浄瑠璃・心中重井筒）なども見られました。この用例については、辞典によっては、他動詞と判断されています。そこを、〈もうちょっと経過して、〉と読むか、〈もうちょっとやり過ごして、〉と読むか、ということでしょうか。以上、現在「一時間したら、発表します。」とか「一週間もしたのに、何とも言って来ない。」などと用いられている用法の、早い時代の用例です。

金額を表す語句を受けて〈（値段分の）価値がある〉意を表す初出用例は、「万疋《まんびき》もする物じゃ（ぢゃ）と云（いふ）程に、」（虎明本狂言・粟田口）となるようです。近世の初めです。「疋《ひき》」は銭を数える接尾語で、当初、十文を一疋としたとのことですが、近世末には二十五文で一疋となってしまうので、ここでは、どのくらいだったのでしょうか。ただ、いずれにしても、「万疋」は、たいへんな額です。いま一用例、近世末の用例として、「米がいくらしおり（をり）ます。」（滑稽本・東海道中膝栗毛）を挙げておきます。不定語の「いくら」で、その金額をわざと明示しない表現としています。いずれも、現代語として通用しましょう。その現代語では、「いくらしますか。」という問いの表現として聞くことが多いように思います。そして、予想よりも高かったという驚きが、「十万円もした。」の「も」によって表されるようです。時間の場合も、「一週間も」の「も」は、予想した日数よりも長いので、そういうのでしょう。

時間を表す語句に付く用例も、金額を表す語句に付く用例も、その時間やその金額が、何時間とか何万円とか感じられたから、そこに「する」を採用したのでしょう。自動詞「す」「する」には、〈感じられる〉意が潜んでいます。上代といわれる古い時代、古典語自動詞「す」は、物音・声ぐらいにしか付きませんでした。その物音や声が聞こえてくることは、感じられるということでした。その感じられる対象は、稲光《いなびかり》や時雨《しぐれ》などにまで、徐々に広がっていきました。連体修飾語を表した「けはひ」「さま」「心地」も、やはり、感じられたから、そこに「す」を用いることになったのです。そして、時間や金額も、そう感じられたから、そこに「する」が用いられるようになったのです。

これから、日本人は、どんな事柄に対して、〈感じられる〉というように受けとめることになるか、それによって、自動詞「する」の新しい用法が誕生してくることになりましょう。今回お尋ねの時間についていうなら、その時代、時間の経過が、当代人の意識として、そう受けとめられたのでしょう。さらに、時代が少し下って、その当代人の意識として、金額の多寡が、また、そう受けとめられたのでしょう。

Q23

「何をするのか。」「どのようにするのか。」など、疑問文に用いられている「する」は、具体的にどんなことをするのか、見えてきません。「する」には必ず先行成分があるはずなのに、どうしてですか。古典語でも、そうでしょうか。

A23

動詞「す」「する」には、何をするか、その「する」という行為の具体的な内容を表す先行成分が配されていることになっている、と思っていいでしょう。そのような先行成分なしに、「する」が用いられることはない、そう思うことが、大事です。あの、文法学者として知られる山田孝雄という学者は、その先行成分を「賓語」と呼んで、「す」「する」は、賓語なしには用いられない、といっていました。既習10においても、確認してきたところです。

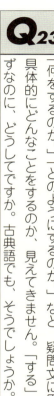

ですから、「何をするのか。」「どうするのか。」などという疑問文について、何をするのか、どうするのか、その「する」の具体的な内容が見えてこなくて、このような「する」には、先行成分がないと思えて、どうしてかとお尋ねになったのだと思います。荷物の運搬をするとか、家事の手伝いをするとか、論文の執筆をするとか、いずれも具体的な「する」行為の内容が見えてくると思います。そこを、「何をするか。」というのですから、その「する」の内容は、確かに見えてきません。慎重にする、手際よくする、夜を徹してする、いずれも「する」行為の具体的な状況が見えてくると思います。それを、「どのようにするのか。」というのですから、その「する」の状況は、見えてきません。

ただ、ここで、「何を」とか「どう」とかについて、もう一度考えてみましょう。「何を」の「何」は、〈不明ではあるが、「する」行為の内容〉を指していることになります。「どのように」も、〈不明ではあるが、「する」行為の状況〉を指していることになります。ですから、その「「する」行為の、現在は不明の内容」が「何を」の「何」であり、その「「する」行為の、現在は不明の状況」が「どのように」である、ということになりましょう。いってしまえば、「何を」や「どのように」が、先行成分だった、ということです。

このお尋ねに対しては、こんなことが理解できていないのかとお思いの方もいらっしゃいましょうし、長くこのような用例を見たり聞いたりしてきていても疑問に思ったことなどなかったとおっしゃる方もいらっしゃいましょう。そして、お尋ねを知って、それから悩みはじめていらっしゃるという方も出てきていらっしゃるのではないでしょうか。不定語が用いられたところには、必ず「す」や「する」が用いられる、といっていいほどなのです。「何を運ぶのか。」「何を料理するのか。」「何を書くのか。」が、「何をするのか。」でいえてしまうことからも、理解できましょう。

古典語の時代から、不定語と動詞「す」とは、共起する関係にありました。『万葉集』歌の用例を借りることにしましょう。〈何をするということで…か〉の意の連語化している語句「何すとか」は、④七三三）を始めとして、七用例も見られます。理由を問う意の連語を構成している「何すれそ」もありました。後に、漢文訓読語の「何《なん》すれぞ」となる語句です。中古の『伊勢物語』にも、あの昔男が自分の心を直してくれと仏神に祈る呟きのなかで「いかにせむ、…。」（六十五・在原なりける男）と言っている場面が見られます。一方では、それも、漢文訓読語の「如何《いか》んせん」となっています。

Q24

平生、家族や友人と話しているときには、どういうわけか、「こうする」「ああする」などと言ったりしてしまっています。この傾向は、古典語の時代にもあったのでしょうか。また、このような表現については、どう評価したらよいでしょうか。

A24

具体的な用例を、改めて調査しなくても、どなたも、家族や友人と話している際に、そのような、指示語副詞に動詞「する」を接続させて喋《しゃべ》っていることが多いでしょう。会議の席とか、人前で発表したりする場合には、そのような言い方は、おのずから避けているのだと思います。そもそも、その「こうする」「ああする」を用いるとなると、何らかのしぐさを伴っていることになろうと思います。ですから、時には講演などでも、ジェスチャー付きで用いることもありましょう。

特に、「こう」という指示語副詞が、動詞「する」だけでなく、他の具体的な動作を表す動詞に続けて用いるときでも、「こう投げたら、」とか「こう蹴ったから、」などは、ジェスチャーなしには用いられないでしょう。聞いている人も、その発言を受けて、「そう投げたのが、」とか「ああ受けなければ、」などと、やはりジェスチャー付きで応じているのではないでしょうか。

古典語の時代、例えば、『万葉集』歌のなかには、「かく[し]つつあらくを良《よ》みぞたまきはる短《みじか》き命《いのち》を長く欲《ほ》りする」（⑥九七五）の「かくしつつ」を見ることができます。ただ、この用例では、「かく」がどういう状況を表す指示語なのかが、わかりません。宴席で一族の者たちと歓楽する時の作か、とされています。その「かくしつつ」は、その『万葉集』のなかには、続けて（⑥九九五）（⑪二五八五）（⑪二八二六）（⑱四一三七）の各歌に現れ、都合五用例見ることになります。さらに、「かくしてそ」「かくして後に」「かくしてや」などともなっていて、けっこう、いろいろな場面に採用されていました。

中古に下って、『竹取物語』には、「かばかりして守る所に、」（二一・かぐや姫の昇天）とありました。「とも すれば、」（一九・同前）ともありました。係助詞「も」を挟んでいますが、その「と」は、「とかく」「とにかく」「ともかく」の「と」で、これも指示語副詞で、意味は現代語と同じ〈ややもすると〉となっていました。

上代にも中古にも、指示語副詞に動詞「す」が接続する用例は見られました。そして、「いまだ」という副詞や形容詞・形容動詞の連用形に「す」が直接する用例も見られて、それらは、動詞「す」の先行成分のあり方として共通するように感じられます。形容詞・形容動詞の連用形に付く動詞「す」については、既習21においても見てきたと思います。指示語副詞の場合は、形容詞・形容動詞に相当する内容をジェスチャーで表すようにも感じられてきます。

さて、この指示語副詞に「す」「する」を直接させて用いる表現、その表現をどう評価したらよいかというお尋ねは、表現の価値というようなことでしょうか。どちらが表現として質が高いかどうか、ということは、そう軽々にはいえないことだと思います。実は、もっぱら指示語を借りていろいろな動作を表すのは、幼児です。しかし、しぐさを用いた表現のほうが、時には迫力あること、既に、講演などに、その事例があること、申し上げてきました。そうではあっても、指示語に直接する「す」「する」、やはり、素朴で、原始的な印象もありましょう。

Q25

ト格に付く「する」であっても、一文となっている表現を引用の格助詞「と」で受けて「する」に接続していく場合は、どんな表現として構成されるのでしょうか。用いられる場面にも特徴があるようですが、どうでしょうか。

A25

そうでした。既習17で確認した「する」の用法は、ガ格・ヲ格・ニ格を受ける「する」に続いて、ト格を受ける「する」として学習した用法でした。したがって、その格助詞「と」の上の語や語句は、名詞と連体修飾語付き名詞に限られることになります。実際、名詞に付く「と」しか、取り上げませんでした。そして、その用法は、古く『古事記』の訓読文にも見られた用法でした。「従者《ともびと》と為《し》て」など、ト格語句に付く「す」でした。今回お尋ねの、一文を受ける引用の格助詞「と」に続く「する」には、二とおりの用法がはっきり認められます。

早速、そのⅠの用法に入ります。数学の授業の仮設を思い出してください。論理学でも用います。「仮設」の「設」に気をつけてください。「仮説」ではありません。「〈aはbより大きい〉と、する。」などです。その引用部分が明確に感じとれるよう、〈　〉印を付けました。その仮設内容を強調するためでしょうか、完了の助動詞「た」を添えていうこともあります。「〈A角はB角より小さかった〉と、します。」や「〈彼女のほうから彼の所へ出かけて行った〉と、しましょう。」などです。以上の用例でおわかりのとおり、この表現は、引用の一文が仮定していうものであることを示そうとした表現を構成している、といえましょう。

では、次に、Ⅱの用法に入ります。テレビやラジオ、また、新聞や雑誌などが、他者が発信した内容を引用の格助詞「と」の上に一文として引用して、情報として知らせる場合の用法です。「気象庁は、〈津波の心配はない〉と、しています。」「AP通信は、〈テロの犯行である〉と、しています。」などです。その〈……〉という一文にした引用文について、その判断や見解は、他者の判断や見解であって、伝達者である自分の判断や見解ではない、という姿勢を表明していることになります。そのように、この表現は、引用の一文が他者の判断や見解であることを示そうとした表現を構成していることになります。そういう表現形式だ、といってもいいでしょう。

　そして、Ⅰの用法にも、Ⅱの用法にも、さらに付け加えておきたいことがあります。Ⅰの用法においては、その「〈……〉とする。」の終止形「する」が、意志の表現ともなっている、ということです。したがって、その「〈……〉とする。」は、「〈……〉としよう。」とか「〈……〉しましょう。」に言い換えて理解することを心掛けたい、ということです。Ⅱの用法についても、その、引用文を受けて伝達する、その文末に注目してください。「○○は、〈……〉としている。」というように、その文末は、「…ている」となっています。そこで、「○○は、〈……〉としていて、伝達者である自分の判断や見解ではありません。」というように言い換えて聞きとるようにしたいと思います。

　以上、一文を引用した「とする」については、二とおりの用法があることをお答えいたしました。数学の時間とニュース報道を聞くときの「する」の用法でした。

Q26

ガ格の語句を受けている動詞「する」であっても、そのガ格の語句が、一語の名詞に格助詞「が」が付いただけでは、表現として成立しないようです。「思いがする」「心地がする」とは、いえるようで、いえないのです。どうしてなのでしょうか。

A26

お尋ね、既習12を受けてのご質問と思います。そこで、用例をそこから借りて申し上げましょう。そこには『万葉集』歌の「馬の音そする」が引かれています。現代語でいうと、〈馬の音がする〉です。その「馬の」という連体修飾語がなくても、「音がする。」といえます。つまり、「馬の音がする。」とも「音がする。」ともいえるのに、「思いがする。」だけでは、表現として成立しない。「心地がする。」も、表現として、成立しない。これは、どういうことなのか、というお尋ねだと思います。

もちろん、その「思いがする。」が、「寂しい思いがする。」だったら、表現として成立することに気づいていらっしゃいます。「晴ればれとした心地がした。」なら、表現として成立することにも気づいていらっしゃいます。

既に学習してきていますが、「寂しい思いがする。」や「晴ればれとした心地がした。」の「が」は、主格を示すものではありません。対象格を示す用法の「が」でした。その「が」は、そう感じられる対象を示していたのです。このような用法の「する」は、〈感じられる〉意だからです。感じられる対象は、「思い」や「心地」ではありません。「思い」や「心地」は、感じられる対象とはならないのです。「寂しい思い」や「晴ればれとした心地」となったとき、感じられる対象となるからでしょう。ひとまず、以上がお答えです。

もう少し、感じられる、ということを考えてみましょう。感じられるということは、平生と異なる何かがあって、それに気づいた瞬時の感覚でしょう。「思い」や「心地」だけでは、平生と異なる何かがありません。既に申し上げました。それが、「寂しい思い」とか「晴ればれとした心地」となると、その何かがそこに存在することになって、感覚に受けとめられるのでしょう。「思い」は、近年、ネガティブな連体修飾語と結びつく傾向が強いようで、「悲しい思い」「辛い思い」などともなるでしょう。「心地」のほうは、「生きいきした心地」とも「嫌な心地」「落ち着かない心地」ともなりましょうか。そうなると、平生と異なる何かがそこに存在するというように、感覚として感じられるのでしょう。

　これも既に申し上げましたが、その「心地」という名詞、中古に入って始めて誕生した単語です。その「ここち」は、いま、「心地」と表記しますが、その表記は、易林本『節用集《せつよう(せっちょう)》』（慶長二（一五九七）年）という国語辞書に始まることが明らかになっています。語源については、大槻文彦『大言海』は、「こころもち（心持）」の約音化したものとしています。語義としては、そのとおりでしょうが、約音化の過程については、いかがでしょうか。その「ここち」は、すべて連体修飾語を必須として、自動詞「す」に続けて、多様な心象の風情を描写しています。その関係が、当代早くも、「さま」「けはひ」にも及んで、殊に、『源氏物語』などに多くの用例を見ます。現代語として圧倒的に多い用例は、連体修飾語付きの「感じ」という名詞を受けた格助詞「が」が、「する」へと続けた表現です。日本語の特徴に気づいたご質問と、敬服いたしました。

Q27

ヲ格の語句が身体部位名称の「目」「顔」などである場合も、連体修飾語が必須となるのでしょうか。例えば、「青い目をしたお人形」とはいえても、「目をしたお人形」では、表現として成立しません。「目をしたお人形」といえないのは、どうしてですか。

A27

野口雨情《うじょう》作詞・本居長世《もとおりながよ》作曲の童謡「青い眼《め》をした人形《にんぎょう》」の歌詞に関わってのご質問、確かに受けとめさせていただきました。その童謡、大正十二（一九二二）年の発表でした。その歌詞は、「青い眼をした／お人形は／アメリカ生まれの／セルロイド」でしたでしょうか。当時、そのセルロイド製の人形は、アメリカからの輸入品でした。その「青い眼をしたお人形」の「し（た）」という動詞に、いま注目しているのですが、この「し」は、終止形「する」となることも、命令形「しろ」となることも、まず、考えられません。この問題、後で取り上げます。実際の表現として終止形となることは考えられないにしても、終止形は「する」です。その「する」が他動詞であることは、ヲ格の語句を受けることで、ほぼ明らかです。

そして、この表現が連体修飾語を必須とする「眼」であること、既にご理解ずみなのではないかと思います。「晴れやかな顔をしている女の子」なども、同じ類《たぐ》いの表現と、直ちにお気づきと思います。それら表現を構成している「し（た）」の「する」は、さきほど触れたように他動詞ですが、そのような色彩や表情を見せている状況をいっていることになりましょう。「長い髪をした女性」「長い首をした老人」「曲がった腰をした老婆」なども、その一群であることは、容易に理解できましょう。人間だけでなく、動物についてもいえるようで、「長い爪《つめ》をしたコアラ」などが、それです。

いま一度、そうはいえないほうの表現、成立しない表現を、念のため、整理しておきましょう。「眼をしたお人形」「顔をした女の子」「髪をした女性」「首をした老人」「腰をした老婆」「爪をしたコアラ」、いずれも、表現として成立しない用例です。それら表現のそれら身体部位だけでは、色彩・表情・形態などを見せていることになりません。当たりまえであって、わざわざ「する」を用いて表現する対象にはならないから、表現として成立しないようにも思えてきます。

さて、「青い眼をしたお人形」というように、「し(た)」という語形でしか現れない理由について考えていきましょう。問題は、その「た」です。完了でも過去でもありません。「ている」意を表す存在継続の意を担う「た」だったのです。ですから、「青い眼をしているお人形」ということもできます。「晴れやかな顔をしている女の子」「長い髪をしている女性」「長い首をしている老人」「曲がった腰をしている老婆」「長い爪をしているコアラ」とも、いえばいえるわけです。いずれにしても、存在継続の表現に限られた「する」で、語形としては連用形の「し」としてしか見られない用法だったのです。存在継続は、略して存続と呼ばれるほうが多いでしょう。アスペクトという相に相当するといっていいでしょうか。お答えは、以上です。

ついでに、「青い目」と「青い眼」の「目」と「眼」とについて申し上げておきます。お尋ねは、あくまでも現代語表記の原則に従っていて、それが適切です。「眼」は野口雨情の表現として、そう表記しました。常用漢字表の「眼」には、〈まなこ〉という訓しか載っていないこと、申し添えておきます。

Q28

二格となる語句を受けて用いられる動詞「する」には、その二格となる語句が、身体部位名称に格助詞「に」が付いた語句である用例を見ることがあります。「目にする」「耳にする」などですが、慣用句化していましょうか。どうして慣用句となるのでしょうか。

A28

既習15において、二格となる語句を受けて用いられる動詞「する」について、いちおう、学習をしてきています。ただ、それらは、表現されていなくても、ヲ格となる語句が隠れている表現でした。したがって、結果的には、ヲ格となる語句と、二格になる語句とを併せて受ける動詞「する」として見ていってよい表現でした。今回お尋ねの二格となる語句を受ける動詞「する」は、ヲ格となる語句が存在するかどうか、存在するとしたら、動詞「する」とどう関わるかなどから確認していくことが必要でしょう。

お示しの「目にする」から、その確認をしていきます。「目にする」は、〈見る〉意の慣用句となっています。「彼の姿を目にした。」などといいますが、その「彼の姿を」は、見る対象をいうヲ格語句であって、既習20で確認した「子どもを医師にする。」などのヲ格となる語句と二格となる語句との関係とは違います。「彼の姿を目にした。」は、「彼の姿を」を「目にした」が受けていることになります。そういうわけで、「目に」と「した」との緊密度のほうが高いことになります。「目にする」は、既に結びついてしまっているのです。

「耳にする」についても、「目にする」と同じように、それで一概念として結びついています。そこで、「彼の噂《うわさ》を耳にした。」についても、「彼の姿を目にした。」と同じことがいえます。現在、そのような慣用句として、他に、「口にする」「手にする」を挙げることができます。以下、それぞれの初出用例を紹介することにいたしましょう。

「目にする」は、〈実際に自分の目で見る〉〈目撃する〉ということです。永井荷風の小説に「自分は何か美しいものを眼に為《し》たいと思ふて《ママ》」（いちごの実／一九〇一年）とありました。明治三十四年の用例です。

「耳にする」は、〈聞く〉意として理解したほうがいいようです。幸田露伴の小説に「夢の中にも緊那《きんな》羅《ら》神の声を耳にするまでの熱心あれば、」（風流仏・発端・一八八九年）とあるのが、その用例です。現代語としては、〈ちらっと聞く〉とか〈それとなく聞く〉意となってきています。明治二十二年です。

「口にする」には、〈食べる〉意もありますが、それは、口の機能が違います。〈口に出して言う〉〈話す〉などの意の用例は、坪内逍遙の『小説神髄』のなかに「小説の勧善懲悪に裨益《ひえき》する所ある由は先人已にしばしば説きつ。世人もまた之を口《クチ》にする者おほし。」（小説の裨益／一九〇〇五〜〇六年）が初出です。明治三十八年〜九年ということになります。

「手にする」には、①〈手に取る〉意、②〈受け取る〉意、③〈手先にする〉意があるようですが、①・②を紹介するだけでいいでしょう。①の初出は、また幸田露伴で、「おのれが職業をも等閑に付してまた顧みざるに至り、鎚《つち》を手にせんとも鏨《たがね》を手にせんともせず。」（風流魔・一八九八年）です。明治三十一年です。②は、島崎藤村の小説で、「前触《まへぶれ》も何もなく突然斯《か》ういふものを手にしたといふことは、」（家・一九一〇〜一一年）が初出です。明治四十三年〜四年です。

右の各用例の初出年から見て、これら慣用句発生の契機はどこにあるのか、明治初年の翻訳などが関係していないかなど、今後、可能な限り調査に努めてまいります。

Q29

「国語科の教師を[a]している兄は、野球部の指導も[b]しています。」のaの「し（→する）」とbの「し（→する）」とには、どのような違いがあると認識することが望ましいでしょうか。また、「これでは、表現として曖昧《あいまい》だ。」と注意されました、どうしてでしょうか。

A29

動詞「する」のはたらきを説明することは、正直なところ、極めて難しいことです。どちらも、生徒の教育をしている点で共通している、と見えても、微妙に違いがあります。「野球部の指導も[b]している」には具体的な動きが見えてきますが、「[a]し」は違います。とにかく、「する」が担う意味は多様で幅が広いところから、できるだけ、その用法の特徴を見つける訓練が必要でしょう。

aの「する」は、国語科の教師という職業に就いていることを担っていると見えてきます。数学科の教師とか、外国語科の教師とか、そういう教科の教師についても、同じような表現形式で表現できましょう。いや、広く公務員についても、会社の社員についても、弁護士についても、医師についてもいえます。国会議員についても、漁師についても、消防士についてもいえることです。ヲ格となる語句を受ける「する」は、ほんとうに多様な意味を担いますが、この場合は、一定の役割を務めることを担っている、ぐらいのところでいかがでしょう。

それに対して、bの「する」には、野球部の指導という具体的な行為が見えてきます。こちらの「する」は、行為の相手である野球部の生徒たちに向けて、バッティングの指導とか、守備の指導とか、そういう動きが見えてきます。他者に向けて働きかける点で「看護をする」「介護をする」「保育をする」などとの共通点も見えてくるようです。これらのヲ格となる語句と続く「する」との関係は、aの「する」と大きく異なるように見えてきます。bの「する」は、ヲ格となる語句の、その名詞が動作性名詞であるところから、「する」行為が具体的に見えてくる、といえましょう。

さて、その「国語科の教師をしている兄は、野球部の指導もしています。」が、兄の紹介を誰かに向けてしているのであったとしたら、この表現には、確かに曖昧なところがあることになりましょう。お兄さんは、野球部の監督なりコーチなりも担当しているのでしょうか。それとも、放課後など、余暇を利用して得意な野球の指導をしているのでしょうか。もし、監督とかコーチとかでしたら、aの「する」となるよう、「野球部の監督を」とか「野球部のコーチを」とか、そういう職種のようなものを明確に示すようにしたいと思います。もし、余暇のボランティアとしての野球部の指導であったとしたら、「余暇にはしばしば」とか、そういう状況が読みとれるような何かを書き込んだほうがよいことになりましょう。

お尋ねにはありませんが、aのような「する」の用い方と、bのような「する」の用い方とで、どちらが本来の用法で、どちらが新しい用法か、お気づきでしょうか。答えは明らかで、bの用法のほうが、伝統的な用法です。既習14などにおいても述べてきたところで、「す」「する」の先行成分としてのヲ格となる語句は、その名詞が動作性名詞であるものが、本来の用法だったのです。古くは動詞連用形が名詞化した連用形名詞だった、と申し上げたと思います。

aのような「する」の用い方は、古典語文には見ないようで、近代の用例も辞典類に掲載されていません。あるいは、近年急激に多くなった表現と見てよいのではないか、と思います。職業に対する意識が高まり、一定期間就業しているところから、「教師をしている」「公務員をしている」が定着したのであろうといってよさそうです。

Q30

格助詞「を」を伴ったヲ格となる語句を受けた動詞「する」は、一般には他動詞として意識していますが、「病気をする」については、自分の意志には関係していないので、他動詞と見ることに抵抗を感じています。どう判断したらいいでしょうか。

A30

お尋ね、まったくそのとおりだと思いますし、そう思っています。どうしてこのような言い方となってしまったかは推測できるとしても、いつごろからどういう文献に見られたかなどについては、残念ながら辞典類にも取り上げられていません。「病気にかかる」などとの微妙な違いなども、残念ながら注目されていません。そこで、どうしてこういう表現が誕生し、採用され、今日一般に用いられてしまっているかについて、推測してみることで、お答えとさせていただきます。

そもそも、動詞「する」は、すべて先行成分の影響を受けて、そこに担う意味を発生させる動詞です。ヲ格となる語句を受けた場合は、特にそれが顕著です。そのヲ格となる語句は、概して、ポジティブな動作性名詞に格助詞「を」を付けて構成されているように思います。「開業をする」「参入をする」「提言をする」の「開業を」「参入を」「提言を」などです。積極的に周囲の他者に向けて働きかける動きで、他動詞の動きです。

それらに対して、「病気をする」には、働きかける対象としての他者が存在しません。加えて、「病気をする」の「病気」は、動作性名詞ではありません。あえていえば、非動作性名詞です。既習29においても、その確認をしてきています。「教師をしている」の「教師」で、あの場合は、職業でした。今回は、心身の状態をいうことになりましょうか。

「病気をする」は、病気になろうとして、そうするわけではありません。ただ、健康への配慮が欠けていて、本人の意志とは関係ないようであっても、結局、みずから、病気という状態へと進行させてしまう、とはいえましょう。〈つい、うっかり、〉病気に向けて〈みずからを〉進行させる〉とでもいうことだったのでしょうか。その「する」には、無意識の意識の働きが、そう捉えられているのでしょうか。

右に申し上げたところは、まったくの推測で、何の根拠もありません。そうとでも考えなかったら、どうしてこういう言い方をするのか、わからないところからの思いつきに過ぎません。しかし、同趣の表現「貧乏をする」についても、この考え方を当て嵌《は》めることができるのです。貧乏になろうとして、そういう意志、いや意思を固めて、日々浪費に努めて、そうなるわけではないでしょう。〈つい、節約できなくて、浪費が嵩《かさ》み、〉貧乏に向けて〈みずからを〉進行させ〉た結果であろう、と思います。この「する」にも、無意識の意識の働きが捉えられてしまったといえるのではないでしょうか。

ネガティブな方向に向けての、この言い方として、「失業をする」も挙げられますが、この背景には、あるいは、「就職をする」などの、一般的なヲ格となる語句を受ける「する」表現があったかもしれません。もちろん、この「失業をする」も、そうなろうと思って、そうなるものではありません。そこで、「苦労をする」「余所見《よそみ》をする」を加えて、これらについて、無意識のうちにしてしまう行為をいったものとして括《くく》ることもできようかと思ってもいます。それを一つのお答えとして、さて、「離婚をする」はどう理解したらよいか、こちらからのお尋ねとさせていただきます。

Q31

「指輪《ゆびわ》をする」「入れ歯をする」の「する」は、〈嵌《は》める〉に言い換えることができます。「包帯《ほうたい》をする」「腹巻きをする」の「する」は、〈巻く〉に言い換えることができます。これらの「する」は、どうしてそのような意味を担うことができたのでしょうか。

A31

どうしてそのような意味を担うことができるのかというお尋ねですが、格助詞相互の関係とか、そういう構文を手掛かりにどういう意味を発生させているかを読みとることはできたとしても、そういう手掛かりなしにそういうお尋ねに対応することには限界があります。お尋ねの二語群に共通する点や類似の他の用例を紹介することでお許しください。「指輪をする」は、指輪をどこに嵌める、ということなのでしょうか。そう考えたとき、「指輪を指にする」であろうと見えてきます。「入れ歯をする」は、入れ歯をどこに嵌める、ということでしょうか。口の中に、ということでしょう。「包帯をする」は、腕にとか、足にとか、そういう身体部位に巻く、ということでしょう。「腹巻きをする」は、腹に巻く以外、考えられません。以上で、このヲ格となる語句を受ける「する」は、隠れた二格となる語句も受けていた、ということが理解できたと思います。そういう関係のなかで、〈嵌める〉とか〈巻く〉とかいう意味を担わせてきていたとか、発生させていたとか、そういうように理解することができましょう。以上が、大まかなお答えです。表出されていない二格となる語句を構文的に想定することで、少し事情が見えてきた、といってもいいでしょう。

さて、その〈嵌める〉と言い換えられる一群と〈巻く〉と言い換えられる一群とは、どのような点で共通するかを考えてみましょう。どちらも、〝身に着ける〟という点で共通する、ということができると思います。その「着ける」は、〈付着させる〉ということです。ここまで来ると、「ネクタイをする」

も「ヘアピンをする」も、理解が容易となります。「ネクタイ」に気づいていたのに、「ネクタイピンをする」を忘れていました。「イヤリングをする」も、この仲間です。「腕時計をする」も、そうでした。「湿布《しっぷ》」は、〈貼る〉でないと許せない方もいらっしゃいましょうが、「湿布をしてください。」というナースの声を聞いたことがあるようにも思います。「包帯をする」が背景にあったのか、とも思っています。

この「指輪をする」「入れ歯をする」の「する」や、「包帯をする」「腹巻きをする」の「する」についても、それら表現が、いつごろからどのような文献資料に見られるかなど、確認できていません。調査しようと思えば、誰にもできる容易な作業なのですが、そのような整理はどうなっているのでしょうか。自国語の推移について、どのような視点からの整理が優先されなければならないか、この機会にお考えになるのもよろしいか、と思います。

ところで、その「指輪をする」「入れ歯をする」や、「包帯をする」「腹巻きをする」も、その動作を瞬時の動作として捉えた後も、その結果が状態として継続していることが多いように思います。だからでしょうか、存在継続の表現として、「指輪をしている」「入れ歯をしている」や「包帯をしている」「腹巻きをしている」となっている用例に多く接するように思います。この表現には、「指輪を嵌めている」や「包帯を巻いている」の煩わしさから解放される魅力もあったのではないか、そうまで思えてきてしまいました。理由はともあれ、「している」が歓迎されていることは確かです。

Q32

「大豆《だいず》を豆腐《とうふ》にする」「牛乳《ぎゅうにゅう》をチーズにする」などの「する」は、そのヲ格の語句とニ格の語句とをどのような関係で結びつけているのでしょうか。それらの「する」は、どう言い換えられましょうか。

A32

お尋ねの用例「大豆を豆腐にする」「牛乳をチーズにする」からは、食品学の講義を受けているような感じがしてきました。豆腐の材料は、大豆です。その大豆をすりつぶし、漉《こ》して得た豆乳ににがりなどを入れて凝固させたものが豆腐です。豆腐をいくら見ていても、原材料の大豆は見えてきません。チーズの原料は、動物の乳ならすべて使えますので、牛乳に限る必要はありませんが、牛乳は原材料の一つであり、代表的な原料ですから、この表現に問題はありません。その蛋白質《たんぱくしつ》に酵素《こうそ》を加えて分離させ、凝固させ、さらに醗酵させた食品がチーズです。そのチーズをいくら見ていても、牛乳が見えてくることはありません。そういう関係にあることが見えてきましょう。この表現、既習18において、大まかにですが、見てきました。

その関係を、いま一度、できるだけ抽象化して表現してみましょう。ある原材料を加工して製品としてつくり上げること、ぐらいとなりましょうか。食品といわなかったのは、食品だけではない用例が見えてきたからです。「鉄鉱石を鋼《はがね》にする」が浮かんできたからです。鉄鉱石は、まさに原材料です。その鉄鉱石を加工して、鉄と炭素の合金である鋼鉄につくり上げることをいっているのでしょう。その鋼鉄に加工して刃物をつくることになるのですが、刃物からは鋼鉄が感じとれるので、「鋼鉄を刃物にする」といっていいかどうか、ちょっと躊躇されます。

この、ヲ格の語句とニ格の語句とを「する」に結びつけて、ある原材料に加工して別の製品につくり上げることをいう表現は、その原材料と製品とがどのくらい変身するかによって、その表現形式で表現してよいかどうか、時に躊躇させられることがあるようです。変身の度合いというか、ある程度、原材料との関係が見えにくくないと、この表現には乗せにくいようです。英語でいう、あのmake from ということになりましょうか。

この一群のなかに、「部屋を綺麗《きれい》にする」などを含めて見ていくのは、適切ではありません。「綺麗」は、製品ではありません。部屋が綺麗という製品になるのではないからです。この表現は、「綺麗にする」が緊密度の高い結びつきをしていて、「部屋を」と「綺麗にする」とが結びつくのです。「大豆を豆腐にする」は、「大豆を」と「豆腐に」とに、「する」が結びつくのです。「牛乳を」と「チーズに」とに、「する」が結びつくのです。「部屋を綺麗にする」の仲間は、「洋服を清楚にする」「所持品を華美にする」などです。それらのニ格の語に見えた「綺麗に」「清楚に」「華美に」は、いずれも、形容動詞「綺麗だ」「清楚だ」「華美だ」の連用形です。「する」に先に結びつくこと、既習21において申し上げました。

この表現は、やはり食品学が関係していたのかもしれません。「葡萄《ぶどう》をワインにする」「林檎《りんご》をジュースにする」「白身の魚肉を蒲鉾《かまぼこ》にする」など、キッチンの周辺で次々と見つかります。このヲ格の語句とニ格の語句とが動詞「する」に結びついて、ある物が別のある物に変身する、その動きが描写できるようになったのは、『源氏物語』のお陰だといっていいようです。既習19において、その具体的な描写の用例を見てきています。ただ、このような表現形式があまりにも発達して、どんな動きも「す」「する」で伝達が可能になるということは、言語にとって危険なことであることも、認識してほしいと思います。

Q33

「中学校の同級生を妻とした。」「英検一級の者だけを正社員とした。」の「し（→する）」は、どのような意味を担っているでしょうか。ト格となっている語句を二格となる語句にすると、印象は、どう違うでしょうか。また、右の二文、不備はないでしょうか。

A33

「中学校の同級生を妻とした。」の発言者は、結婚後、何年ぐらい経過しているのでしょうか。同僚に言っているのでしょうか。部下に言っているのでしょうか。その奥さんは、共働きでしょうか、専業主婦でしょうか。とにかく、この夫に当たる発言者は、亭主関白とまでは行かなくても、ご主人中心のご家庭のように感じられてきます。その「する」は、〈多くのなかから選択して決定する〉意を担っている、といえましょう。もちろん、この「し（→する）」が、そういう意味をもっているのではなく、この構文のなかで、そういう意味を担わせられている、ということです。

「英検一級の者だけを正社員とした。」の発言者は、恐らくは、その会社の人事部長以上の管理職でしょう。社長である可能性が高いでしょう。とにかく、そういう決定権をもっている立場の人の発言です。社内の社員に向かって言っていることも考えられますが、どちらかというと、社外の友人とか、他社に勤務する大学や高校の後輩とかに語っている場面が見えてきます。この場合も、非正規で働く人々のなかから、〈一定の規定を設けて選択し決定する〉意を、その「し（→する）」に担わせている、といっていいでしょう。これも、その構文がそういう意味を担わせている、というように読みとることができます。

さて、そのト格となっている語句「妻と」「正社員と」を二格としての語句「妻に」「正社員に」にすると、どのように印象が変わるか、確かめてみることにいたしましょう。中学校の同級生である女子生徒は、何人いたのでしょうか。そのうちの一人を「妻とした。」のでしょう。それを、「妻にした。」というのと、どう印象が違うか、というお尋ね、印象を申し上げます。「妻にした。」だと、結果的にそうした、という程度にしか感じられません。「妻とした。」のほうが、その人を特定し、選択し、決定した感じがしてきます。あるいは、二格に付く「する」が長く和文に用いられてきていることによるのではないかと感じています。「正社員にした。」と「正社員とした。」についても、同じような印象を受けるのではないでしょうか。

二文とも、実際の表現としては、その前後に、状況を知らせてくれる何文かがあるでしょう。いま、それぞれの一文を、どうしたら、厳しい選択の情況が感じられるか、考えてみましょう。「中学校の同級女子生徒のうちの一人を妻とした。」とでもしたら、どうでしょう。「非正規社員のうち、英検一級の者だけを正社員とした。」としたらどうでしょうか。厳しい選択の情況が感じられてきました。「とした。」を用いるからには、そう心掛けたいと思います。この二文としては、そうであったとき、完備した文に近づいたことになりましょうか。

そうでした。この「妻とした。」の「し（↓する）」や「正社員とした。」の「し（↓する）」は、どんな意味を担っているかというお尋ね、既に申し上げてきていますが、〈選択し、決定する〉ぐらいとなりましょうか。もちろん、それぞれの文が、その「し（↓する）」に、そのような意味を担わせているわけです。

Q34

「改革をする」の「する」も「会見をする」の「する」も、その「する」はともに他動詞ですのに、「改革する」という一単語にしたとき、「改革する」は他動詞ですが、「会見する」という一単語にした、その「会見する」が自動詞であるのは、どうしてですか。

A34

漢語サ変複合動詞が大量に生産されて、いま、多くが定着して、殊に評論・論説などの文章に欠くことのできない存在となっています。漢語サ変複合動詞についてだけで、『Q&A一〇〇』ができるくらい多くの問題があるといっていいでしょう。ただ、今回のお尋ね、事実であって、理由についてのお尋ねとする問題ではないでしょう。あえていえば、それは、その語幹となる漢語がどんな性格であるかによる、ということになります。

既習14・29などにおいて、動作性名詞ということを申し上げてきました。「改革をする」の「改革」も、「会見をする」の「会見」も、動作性名詞です。その動作性名詞が格助詞「を」を伴ってヲ格の語句とし、そこに「する」を用いたとき、その「する」は、そのヲ格語句に向けて働きかけることになります。したがって、どちらの、「する」も他動詞であることが明らかです。動作性名詞に格助詞「を」を付けたヲ格語句に付く動詞「する」は、すべて他動詞です。

ところで、その動作性名詞には、対象に向けて働きかける性格をもっているものと、そのような対象をもっていないものとがあります。「改革」は、対象となる他者に働きかける性格をもっていますが、「会見」は、そのような対象をもっていませんから、当然、他者に働きかける性格ももっていません。そこで、「改革する」は、「行政を改革する。」など、対象となる「行政」に向けて働きかける他動詞と判断されます。「会見する」は、「総理が会見する。」など、対象となる他者の現れない、動作主体の行為だ

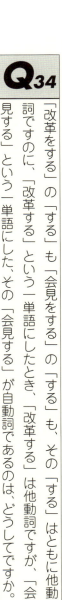

けを表す自動詞と判断されます。この自動詞文にヲ格語句を配することはできません。その結果として、事実がここにあるわけです。お答えは、以上です。

ここで、漢語サ変複合動詞の自動詞・他動詞判別の要領を学習しておきましょう。他動詞は、ヲ格語句が抵抗なく配せるかどうかで、判別できます。そのヲ格語句が直上に置けたら、他動詞と認めてよいでしょう。「時代の思潮を概観する」「往時を回顧する」「不良品を回収する」「外出禁止令を解除する」「出張所を開設する」「衆議院議員を改選する」「学部を改組する」「店舗を改装する」「内閣を改造する」「申し出を快諾する」「母屋を改築する」「貨幣を改鋳する」「印刷を外注する」「意見を開陳する」「法を改正する」「テキストを改訂する」「免許を皆伝する」「暗号を解読する」「法規を改廃する」「新製品を開発する」などです。他動詞に対して、自動詞の用例は、比率として少ないといえます。「総会屋が介在する」「宿の女将が怪死する」「妻が外出する」「味方が快勝する」「院長が回診する」「親王が外征する」「ナポレオンが凱旋する」「桐生選手が快走する」「大谷が快打する」「奥方が懐胎する」などです。

漢語サ変複合動詞の自動詞・他動詞の判別要領、感覚としても、定着したと思います。そして、それら漢語サ変複合動詞は、その語幹をヲ格語句としたとき、それを受ける「する」は、すべて他動詞です。「概観をする」「回顧をする」の「する」はもちろん、「介在をする」「怪死をする」の「する」も、すべて他動詞です。この事実についても、感覚として認識できるようになっていてほしいと思います。いま一つ、感覚として、その判別ができるようになっていてほしいのが、「概観」「回顧」や「介在」「怪死」などの動作性名詞の他者への働きかけの有無の判別です。その結果として、「概観する」「回顧する」は他動詞、「介在する」「怪死する」は自動詞というように判別されるのです。

Q35

漢語サ変複合動詞には自動詞にも他動詞にも用いられるものがあるようですが、それらについては、どのように認識していたらよいのでしょうか。「解決する」を例に、自動詞用法と他動詞用法とを見分ける要領を教えてください。

A35

国語辞典には、見出しの下に、(名・自他サ変)とか(名・自他スル)とかいうように品詞表示をしてあるものが多いでしょう。その見出し語「かいけつ」は、「解決」というように漢字表記し、品詞としては、名詞としても用いられ、自動詞としても他動詞としても用いられるサ行変格活用の動詞です、ということです。確かに、それだけで、自動詞・他動詞の両用法があるということが、ほんとうに十分に認識されているかどうか、わかりません。以下、自動詞・他動詞の確認要領を紹介しましょう。

まず、他動詞用法の例文を作文しましょう。「事件を解決する。」で、十分です。もちろん、「A刑事は、B刑事の協力を得て、ようやく事件を解決した。」でもけっこうです。そのヲ格語句「事件を」を用いることができないのが、自動詞「解決する」ということになります。さらにいえば、そのヲ格語句をガ格語句にしたとき、自動詞になる、といえるのです。「事件が解決する。」で、自動詞「解決する」の例文となります。「三年経過して、ようやく事件が解決した。」でも、もちろんよいわけです。「紛争を解決する。」が他動詞で、「紛争が解決する。」が自動詞です。「難問を解決する。」が他動詞で、「難問が解決する。」が自動詞です。

では、「回復する」で、自動詞・他動詞を確認してみましょう。「政府は景気を回復するために施策に努めている。」が他動詞で、「施策が成功して、ようやく景気が回復した。」が自動詞です。「景気を回復する。」が他動詞で、「景気が回復する。」が自動詞だ、といっても許されましょう。自動詞用法は、「快復する」を好む方もいらっしゃるからです。また、「病気が快復する。」という用例文でないと、納得されない方もいらっしゃるからです。そうではあっても、とにかく、自動詞・他動詞の認識要領は、お受けとめいただけたと思います。

いま少しく、漢語サ変複合動詞で、自動詞・他動詞両用動詞について、実例を引いて解説を繰り返してまいります。「解散する」は、「衆議院を解散する。」が他動詞で、「衆議院が解散する。」が自動詞です。「開閉する」は、「ドアを開閉する。」が他動詞で、「ドアが開閉する。」は自動詞です。「合併する」は、「両社を合併する。」が他動詞で、「両社が合併する。」が自動詞です。

もう、よろしいかと思います。漢語サ変複合動詞には自動詞・他動詞両用語もあって、せっかく、その該当語についての情報が示されていても、生かすことができなくては勿体《もったい》ないと思います。辞典には、(名・自他サ変)とあるだけですが、そこに到達するまでには、多くの編集関係者が調査・確認を重ねての結果です。それら自動詞・他動詞両用語については、まず、他動詞用法から確認を始めましょう。そこには、ヲ格語句が必須です。そのヲ格語句を適宜、想定して他動詞例文を創作します。「事件を解決する。」です。そのうえで、そのヲ格語句をガ格語句に転換させると、自動詞文となります。「事件が解決する。」です。この自動詞・他動詞確認法は、数学の数式展開のようで、楽しく学習できます。なお、自動詞文は、ヲ格語句を共起させないことで、説明できます。「事件は警察を解決した。」とも「事件は刑事を解決した。」ともいえません。

Q36

「研究をする」と「研究する」／「調査をする」と「調査する」／「発表をする」と「発表する」などは、それぞれを用いて表現した場合、文構造のうえなどで、どのような違いがあるのでしょうか。表現する内容などによって、適・不適があるのでしょうか。

A36

既習34において、「改革をする」と「改革する」や「会見をする」と「会見する」の関係について、一定の知識を得ることができたと思います。それらの「する」は、いずれも他動詞で、そのヲ格語句の「改革を」や「会見を」に向けて働きかける他動詞であることを確認しました。しかし、「改革する」と「会見する」とは、それぞれ、他動詞と自動詞とであって、働きかけるヲ格語句の存在するものと存在しないものとの違いを、続けて確認しました。さて、今回、ご提示の用例は、いずれも、「改革する」と同じ他動詞です。「研究する」「調査する」「発表する」など、すべて他動詞です。

では、「研究をする」と「研究する」との違いを確認していきます。もう、「研究」は名詞、「を」は格助詞、そのヲ格語句を他動詞「する」が受けている、などという説明は、不要でしょう。「研究する」は複合動詞だ、などということも、ここでは不要です。そこで、「研究をする」は、研究の対象は不明ですが、とにかく、他動詞「する」の対象は「研究」だ、ということです。「研究する」は、その行為は「研究する」に限られます。そこで、何を研究するかという「研究」の対象は述べられていませんが、ここでも、行為は特定されています。複合動詞型のほうが、特定化を強く感じましょうか。

そこで、研究の対象を考えてみることにします。日本語の研究でも、電子工学の研究でもいいでしょう。「研究をする」型表現で表現すると、「日本語の研究をする。」「電子工学の研究をする。」となります。それに対して、「研究する」型で表現すると、「日本語を研究する。」「電子工学を研究する。」となります。

研究の対象を強く認識させる表現は、後者のほうでしょう。前者は、研究の対象よりも、研究という行為を認識させようとする表現である、といえましょう。ここに、「研究をする」と「研究する」との違いがあるといっていいようです。

「調査をする」と「調査する」とについても、「人口動態の調査をする。」と「人口動態を調査する」とによって、調査の対象を強く認識させる表現は後者である、と読みとれましょう。「発表をする」と「発表する」とについても、「調査結果の発表をする。」と「調査結果を発表する。」とによって、発表の対象を強く認識させる表現は後者である、と読みとれましょう。「人口動態の調査をする。」は、調査という行為を強く認識させる表現ということになりましょう。「調査結果の発表をする。」は、発表という行為を強く認識させる表現ということになりましょう。

「研究をする」と「研究する」となどの、文構造のうえからの違いは、以上でご理解いただけましたでしょうか。そして、そこからは、漢語サ変複合動詞が歓迎される理由も見えてこようと思います。その漢語サ変複合動詞が大量に成立した背景には、表現に際しての構文的な事情もあったのではないかとも思えてきます。研究対象を明確に表現するためには、どうしても、「研究する」が必要だったということになると思います。その一方で、研究対象は連体修飾語に回しても、研究という行為を認識させる表現も必要だったのでしょう。研究の対象を連体修飾語に回しても、研究している行為を表現する必要がある場合も、時にはあるでしょう。例えば結婚の条件として研究職であることを要求された場合の応答などです。

Q37

「決裂をする」と「決裂する」や「妥結をする」と「妥結する」、「協力をする」と「協力する」や「違反をする」と「違反する」については、どちらを用いるか、迷うことがしばしばあります。どちらを用いるかによって、どんな違いがあるのでしょうか。

A37

おっしゃるとおり、どちらでも表現できますし、その表現に大きな開きはありませんので、そこで、お悩みになるのだろうと思います。もちろん、微妙な違いはあります。文法的な立場からいうと、それぞれの前者に見る「する」は、いうまでもなく他動詞です。それに対して、「決裂する」「妥結する」「協力する」「違反する」という複合動詞となっているものは、いずれも自動詞です。恐らくは、その点、つまり、この文法的処理にご不満なのだろうと思います。ただ、その文法的処理については、いかにご不満の方がいらっしゃろうと、明確な理由があります。しばらくお待ちください。

まず、「決裂をする」「妥結をする」の「する」は、「決裂を」「妥結を」というヲ格語句に向けて働きかけています。ですから、他動詞です。ところが、「決裂する」「妥結する」という複合動詞になると、自動詞化します。例文を創作すると、「交渉が決裂する。」であって、ヲ格語句ではなく、ガ格語句を受けることになります。「妥結する」も、「交渉が妥結する。」であって、同じです。「交渉が決裂をする。」「交渉が妥結をする。」とほぼ同じであるのに、誑《たぶら》かされているようにお感じなのでしょう。でも、「交渉を決裂する。」でもなく、「交渉を妥結する。」でもありません。さらに、別のヲ格語句を共起させることもできません。「交渉が敵国を決裂する。」とも「交渉が敵国を妥結する。」ともいえません。そこで、自動詞と判断されるわけです。

次に、「協力する」「違反する」が自動詞と判断されることについて、その理由を見ていくことにします。まず、例文を、適宜、創作しましょう。「与党に協力する。」でいいでしょう。「与党を協力する。」とはいえません。「憲法に違反する。」であって、「憲法を違反する。」と表現することはできません。ただ、「協力をする」「違反をする」を思い浮かべると、「与党を協力する。」にどうしてならないのか、と思えてもきましょう。「憲法を違反する。」といえないだろうか、などとも思えてきましょう。そうではあっても、ヲ格語句を受けることはできないのですから、「協力する」「違反する」も、自動詞と判断されることになります。

　大方は、「交渉が決裂する。」「交渉が妥結する。」、また、「与党に協力する。」「憲法に違反する。」のように、複合動詞「決裂する」「妥結する」「協力する」「違反する」を用いて表現するでしょう。しかし、決裂や妥結を強く印象づけたいときは、「交渉が決裂をする。」「交渉が妥結をする。」ということになりましょう。協力や違反を強く認識させたい姿勢があると、「与党に協力をする。」とか「憲法に違反をする。」とかいう表現を採用することになるでしょう。他動詞を有効に生かしている、といってもいいでしょう。

　それにしても、「違反する」については、その語義から他動詞性を感じてしまうようですが、ヲ格語句を受けないという構文的性格から自動詞と判断されます。文法的処理としてお受けとめください。

Q38

「狩猟をする」も、その一方で、複合動詞としての「狩猟する」を存在させています。その「狩猟する」は、自動詞であることは確かですが、他動詞としても認めてよいのかどうか、辞典も揺れているようです。どう判断したらよいでしょうか。

A38

現代の日本においては、「狩猟」という行為そのものを実感することが難しいと思います。狩猟を生業にしている人たち、というと、信越地方から東北地方にかけての山間に集落をつくって住み、イノシシ・シカ・カモシカ・熊などの大形獣の集団猟に従事していたマタギといわれる人たちが浮かんでくるだけです。その人たちも、もはや、その生活からは離れてしまっているのではないでしょうか。したがって、いま、一般には、世界史の授業で、人類史の始まりを狩猟・採集の獲得経済とする、そういう学習のなかでしか出会わなくなってしまっているかと思います。

そこで、「狩猟する」という複合動詞が存在するといっても、具体的な動作として見えてきにくいように思います。仮に聞いたとしても、「狩猟するアメリカ先住民たち」ぐらいでしょう。「アメリカ先住民は、」とすると、「狩猟をしていた。」になってしまいましょうか。その「狩猟する」が「カモシカを」などのヲ格語句を受けることができるかどうかで、他動詞にも用いられるかどうかが決まることになりましょうが、そこで、自動詞だけと見るか、自動詞・他動詞両用語と見るか、揺れているのだと思います。「カモシカを狩猟していた。」、いえましょうか、どうでしょうか。

『日本国語大辞典 第二版』は、漢語サ変複合動詞そのものを認めることなく、名詞として取り扱っているだけですが、用例としては、「人間が彼等を狩猟した時には、その人間達は勇敢な行為だと云ひます。」(『死刑囚と其裁判長』一九二二・中西伊之助)を引いてくれています。この用例を見るかぎり、他動詞の用例が見られたことになりましょう。著者は、無産階級の旗手として活躍、後に国会議員になった方です。ただ、その表現が当代の大方の人々の認めたものであるかどうかはわかりません。いま、大方の国語辞典が、この「狩猟する」を自動詞とし、自動詞・他動詞両用語とする国語辞典もある、というのが、現状です。したがって、私も、この「狩猟する」の他動詞用法を認めるかどうか、悩んでいる一人です。申し訳ありませんが、お尋ねにお答えすることはできません。ここまでで、お許しください。

実は、そのような事例は、まだまだあると思います。漢語サ変複合動詞については、殊に、その自動詞・他動詞の判別については、確定できないものが残っていましょうし、確かな用例を受けとめえていないものもありましょう。そして、今後、新たに誕生してくるものもありましょう。

ここで、「狩猟する」同様に、揺れている漢語サ変複合動詞を紹介しておきましょう。「擱筆する」は〈筆を置いて、文章を書くのをやめる〉意ですが、自動詞と見るものと、自動詞・他動詞両用語と見るものとあるようです。「干渉する」は〈当事者ではないのに、立ち入って、自分の意思に従わせる〉意ですが、自動詞と見るものと、他動詞と見るものとあるようです。「貫通する」は〈反対側へ抜け通る〉意ですが、自動詞と見るものと、自動詞・他動詞両用語と見るものと、やはりあるようです。「集合する」は〈一箇所に集まる〉意ですが、自動詞と見るものと、自動詞・他動詞両用語と見るものと、これまたあるようです。自動詞・他動詞両用語と見るということは、その語義を〈一箇所に集める〉意とも見ている、ということです。漢語サ変動詞の自動詞・他動詞の判断の揺れは、今後も続くことでしょう。

Q39

サ変動詞「する」の複合動詞はあまりにも多様で、全体が見えてきません。サ変複合動詞の全体像は、どのように受けとめていたらよいのでしょうか。個々の用例について、直ちにそれと判断できる手掛かりも教えてください。

A39

以下の分類でも不十分ではあるのですが、当面、十六分類して認識していただきましょう。該当用例を極力限って引き、手短にコメントします。

(1)恋《こい》する・紅葉《もみじ》する――和語動詞連用形に「する」が直結したもの。本来、この形式が最も古い。「恋」は「恋ふ」(ハ行上二段)から。「紅葉」は「もみつ」(タ行上二段)から。

(2)心《こころ》する・涙する――和語名詞に「する」が付いたもの。

(3)夏痩《なつや》せする・旅寝する・値上げする――和語名詞に動詞連用形が付いた複合名詞に「する」が付いたもの。(1)に同じく、最も古い形式。

(4)お祓《はら》いする・お参りする――丁寧の意の接頭語「お」を冠した和語名詞に「する」が付いたもの。謙譲表現の「お…する」を用いたものとは別のものである。

(5)いそいそする・くよくよする――畳語型のオノマトペに「する」が付いたもの。

(6)うっかりする・しっとりする・のんびりする・はんなりする――(5)以外のオノマトペに「する」が付いたもの。

(7)ジャンプする・スタートする・メモする――カタカナ外来語に「する」が付いたもの。

(8)注文する・分裂する・変化する・無視する・累積《るいせき》する――二字漢語に「する」が付いたもの。中古から「対面《たいめ》す」などの用例を見るが、近代語時代を迎えて、その漢語が大きく変質し、大量に増加して現代語に至っている。
(9)具体化する・英雄視する・立候補する――三字漢語に「する」が付いたもの。「…化する」「…視する」という接尾語として理解したい。
(10)自画自賛する・自己評価する――四字漢語に「する」が付いたもの。
(11)愛する・解する・略する／託する・復する――一字漢字や一字漢語に「する」が付いたもの。中古から「具す」「奏す」などの用例を見るが、近代語の時代を迎えて変質し、現代語に至っている。
(12)決する・察する・達する・熱する――一字漢字に「する」が付いたものだが、各漢字の末尾音「つ」が促音化されている。
(13)案ずる・演ずる・信ずる・論ずる――一字漢字に「する」が付いたものだが、各漢字の末尾音が撥音《はつおん》であるところから「する」のサ行音部分が濁音化している。
(14)応ずる・講ずる・通ずる・命ずる――一字漢字に「する」が付いたものだが、各漢字の末尾音が母音「う」「い」であるからか、「する」のサ行音部分が濁音化している。
(15)重んずる・軽んずる・疎んずる――ク活用形容詞語幹が接尾語「み」を伴ったものに「する」が付き、その「み」が撥音化したもの。その撥音を受けるところから、「する」のサ行音が濁音化している。
(16)先《さき》んずる・諳《そら》んずる――名詞が格助詞「に」を伴ったものに「する」が付き、その「に」が撥音化したところから、「する」のサ行部分が濁音化している。
以上で、全体が見えてくると思います。(5)〜(9)には、該当語が大量にあります。

Q40

「恋する少女《おとめ》」の「恋する」は、和語に付いたサ変複合動詞ですが、同じような語構成の用例を教えてください。古典語の時代にはどうだったのでしょうか。また、「恋す」「恋する」の「恋」は、動詞の連用形なのでしょうか。名詞化しているのでしょうか。

A40

「恋する」と同じ語構成の動詞は、「紅葉《もみじ》する」ぐらいでしょうか。「恋」も「紅葉」も、動詞「恋ふ」（ハ行上二段）「もみつ」（タ行上二段）の連用形です。「もみち」はその後、「もみぢ」というように濁音化します。現代語としては、「恋」も「紅葉」も、名詞として以外には用いられません。

古典語の時代、「恋する」の古典語「恋す」は、『万葉集』にその用例を残してくれています。「恋するに死にするものにあらませば」（⑪二三七〇）の「恋す」など、五用例見られます。いま、「庵《いおり》」というと名詞ですが、古くは、動詞「廬《いほ》る」の連用形でした。その「廬りす」は、十四用例存在します。「釣《つり》す」が八用例、「宿りす」が七用例ありました。ただ、これら「恋」「廬り」「釣」「宿り」は、それぞれの動詞連用形から転成した名詞なのか、動詞連用形のまま「す」に直結したものなのか、決めがたいのです。名詞化していたとすれば、その下に格助詞「を」が想定され、ヲ格の非表出ということになります。他にも、「過ちす」「狩《かり》す」「嘆きす」「禊《みそ》ぎす」「黄葉《もみち》す」「別れす」などがありました。A群としておきましょう。

それらに対して、「漁《あさ》る」という動詞の連用形に「す」が付いた「漁《あさ》りす」は、「漁り」と「す」との間に格助詞「を」を想定する必要のないサ変複合動詞で、十四用例ありました。「欲《ほ》りす」が十二用例、「漁《あさ》りす」と同意ともいえる「漁《いざ》りす」が八用例、「死にす」も八用例ありまた。他に、「潜《かづ》きす」「枯れす」「絶えす」「生《は》えす」「忘れす」などもありました。B群といたします。

現代語として、いま用いられている「恋する」や「紅葉する」は、『万葉集』にあったのです。上代にあっては、古代中国に倣って、「黄葉」と表記していますが、その後、日本では「紅葉」と書かれ、その夕行音も濁音化して、さらに仮名遣いも改められて、現代語の「紅葉《もみじ》する」になっているのです。その「紅葉する」、あるいは、もう、使える方もいらっしゃらなくなってしまっていましょうか。

中古という、平安時代に入って、それほどにあった動詞連用形に直結した「す」も、『古今和歌集』を見ると、半数以下になってしまっています。そうではあっても、一方では新たに「老ゆ」（ヤ行上二段）「詠《なが》む」（マ行下二段）の連用形に「す」が付いた「老いす」「詠めす」が登場してきてもいました。これら語幹と語尾との間に格助詞「を」を想定しなくてよいほうには、さらに、「生《お》ふ」（ハ行上二段）「尽《つ》く」（カ行上二段）の連用形に「す」が付いた「生ひす」「尽きす」が参入していました。

右に見るように、新旧が若干の交替を見せながら、結果としては、いま「恋する」が残っているだけだ、といってもいいでしょう。「紅葉する」も、時に、随筆に用いてくださる方がいらっしゃる、という程度になってしまいました。名詞か動詞連用形かについては、古典語時代の「恋す」「黄葉す」の「恋」「黄葉」は動詞連用形でしたが、現代語の「恋する」「紅葉する」の「恋」「紅葉」は名詞です。とにかく、A群から、かろうじて二用例残りました。B群は、すべて消えました。でも、時に、「尽きせぬ思いを綴《つづ》りました。」などという表現に接することがあります。『古今和歌集』に登場した「尽きす」の未然形の用例で、打消の「ぬ」を伴う表現だけが残りました。

Q41

「心する」や「涙する」の「心」や「涙」は、具体的な動作を方向づけてくれる先行成分ではありません。「心する」が〈十分に気をつける〉意を担い、「涙する」が〈感情が高まって泣く〉意を担うサ変複合動詞となるのは、どうしてなのでしょうか。

A41

「心する」や「涙する」の「する」の意味を決定づけるのは、先行成分としての「心」や「涙」です。ただ確かに、その「心」や「涙」は、動作性・行為性の名詞ではありません。ですから、その「心」や「涙」から読みとれる動作・行為を想定して、その想定された動作・行為をそれぞれの「する」に担わせることになりましょう。

「心」は、〈人間の体内のどこかにあって、意志や感情など、精神活動のもととなっているもの〉です。その精神活動のうちのある動作・行為を、その「心」と「する」の古典語「す」とに託して、「心する」の古典語「心す」が成立したのだと思います。

「心す」の初出は、『後撰和歌集』に載る「心してまれに吹きつる秋風を山おろしにはなさじとぞ思ふ」(⑯一二三八)の「心す」です。珍しく吹いてきた秋風を、注意して、木々を散らしてしまう山颪《やまおろし》にはしないつもりだ、というのです。その「心して」は、「なさじとぞ思ふ」にかかっていっています。それでも、初出は穏やかでした。続く『拾遺和歌集』には、「…うた寝《ね》に心して吹け秋の初風」(③一三七)というように、「心す」は「心して吹く」というように熟していて、その命令形として言い切られていました。さらに、『後拾遺和歌集』にも、「…汀《みぎは》のたづも心してゐよ」(⑦四五五)というように、「心してゐる」の命令形となっていました。そして、『金葉和歌集』には、「…心せよ今日《けふ》をば常の春とやは見る」(①三二)という「心す」そのものの命令形も見られることになります。〈注意せよ〉という警告のための「心す」となったといっていいでしょう。『新編国歌大観（第一巻勅撰集編）』の索引で確かめると、その一首も含めて、その「心せよ」が十三首もありました。それが、いま、「心する」となっているのです。

「涙」は、〈涙腺《るいせん》から分泌され、眼球を潤《うるお》している透明な液体で、悲しみ・感激・苦痛などを感じたときや、外部からの刺激を受けたときに多量に分泌されるもの〉です。その涙に関連する動作・行為には、「涙に昏《く》れる」が古くからありました。「涙に昏《く》る」からあった、といったほうがいいでしょう。『源氏物語』に「雲の上も涙に昏るる秋の月いかですむらむ浅茅生《あさぢふ》の宿」（桐壺）という、靫負《ゆげい》の命婦《みょうぶ》が亡き更衣の母君邸を見舞って帰参、その報告を受けた桐壺帝の哀傷が深まっての一首です。その『源氏物語』には、「涙に溺《おぼ》る」もありました。しかし、「涙する」の古典語用例「涙す」は、古典作品のどこにも見当たりません。

『日本国語大辞典 第二版』は、「涙する」の初出を、耽美的歌風で知られる吉井勇の「焼け砂に身を投げ伏して涙しぬ胸の痛みを思ひ知る時」（酒ほがひ・夏のおもひで・明治四十三年）としています。一九一〇年に登場したことになります。いま一用例は、真継伸彦の「もみじの能を見たときのことを語りながら、おれは涙した。」（鮫・四・昭和三十八年）でした。『学研国語大辞典』は、毎日新聞の朝刊コラムから「五百円亭主の、あまりにもささやかな生き方に、涙する政治が欠けていた。」（昭和四十七年三月七日・余録）を引いていました。どうも、これら用例からは、悲哀とか同情とかの「涙する」であったか、とも思えてきました。

非動作性名詞というか、非行為性名詞というか、そういう名詞に「する」が付いて成ったサ変複合動詞の「心する」と「涙する」とは、こんなに違った成立のサ変複合動詞でした。

Q42

「夏痩《なつや》せする」「旅寝する」はともかく、「値上げする」は日々の現実生活にあまりにも近くて、この、名詞に動詞連用形が付いた複合名詞に「する」が付いたサ変複合動詞は、近現代の成立かと感じられるのですが、どうなのでしょうか。

A42

お尋ねの、名詞に動詞連用形が付いた複合名詞に「する」が付いたサ変複合動詞は、古く上代から存在した語構成でした。そして、その「値上げする」も、近世、つまり、江戸時代から、その用例を見ることができます。浄瑠璃に、「銭小判俵物の相場商ひ、上げふ（う）と下げふ（う）と高下は自由、持のお方がねあげしたい祈りには、」（女殺油地獄・中）とありました。もちろん、現代を生きるわれわれに日々迫りくる動きに関わる表現で、近現代の成立かと感じてもおかしくはありません。

『万葉集』には、「稲出《いなで》せむ田は」（⑦一二八二）など、「稲出す」が十三用例、「船乗りす」が六用例、「言挙《ことあ》げす」「手向《たむ》けす」「妻問《つまど》ひす」が五用例ずつ数えられました。そこには、現代語「旅寝する」の先祖といえる「旅寝す」もありました。他に、「朝漕ぎす」「朝立ちす」「朝なぎす」「朝開きす」「足摺《あしず》りす」「網引《あびき》す」「磯見《いそみ》す」「家出す」「家居す」「末枯《うらが》れす」「浦廻《うらみ》す」「面隠《おもかく》しす」「面変《おもが》はりす」「風祭《かざまつ》りす」「国求《くにま》ぎす」「国別れす」「言咎《こととが》めす」「言問ひす」「事測りす」「島廻《しまみ》す」「霜曇りす」「旅宿りす」「妻恋《つまご》ひす」「鳥狩《とが》りす」「侍宿《とのゐ》す」「鼻ひす」「船泊《ふなは》てす」「宮仕へす」「水脈引《みをび》きす」「物語りす」「雪消《ゆきげ》す」が見られて、都合、異なり語数として三十八語もあったのです。ただ、これら用例は、サ変複合動詞と見てよいか、その語幹相当部分の複合名詞の下に格助詞「を」を想定して捉えたほうがよいか、どちらともいいきれません。しかし、「旅寝す」に見たように、いま、サ変複合動詞と見られる「旅寝する」

の前身であることは確かです。
この、名詞に動詞連形が付いた複合名詞に「す」が付いたサ変複合動詞は、中古の仮名物語にも見られました。『伊勢物語』から引いてみましょう。「男、宮仕へしける女の方に、」（十九）に見る「宮仕へす」は、併せて六用例見られました。「…夜ひと夜、酒飲みしければ、」（六十九）の「酒飲みす」が併せて二用例、「魂結びす」「物語りす」「饗設《あるじまう》けす」も拾えました。筒井筒に登場する「田舎渡らひす」も、そうでした。

『万葉集』にも『伊勢物語』にも見られた「物語りす」ですが、その「物」に動詞連用形が付いた複合名詞に「す」が付くサ変複合動詞が、『源氏物語』において次々と成立しました。その「物」は漠然とした対象を指す名詞で、それに動詞連用形が付き、さらに動詞「す」を付けて、「物倦《ものう》じす」「物怖《ものお》ぢす」「物隠《ものがく》しす」「物好《ものごの》みす」「物懲《ものご》りす」「物慎《ものづつ》みす」「物馴《ものな》れす」「物妬《ものねた》みす」「物念《ものねん》じす」「物恥《ものは》ぢす」「物詣《ものまう》です」「物愛《ものめ》です」「物忘《ものわす》れす」「物笑《ものわら》ひす」「物怨《ものゑん》じす」などが生産されました。

そのような過程を経て、近現代に至っても、この語構成力は衰えることなく、その時代々々にふさわしい複合名詞を組み立てて、さらに「する」を付けて、複合動詞化させています。その素材は至るところにあって、身体部位名称の「足」を使って、「足拵《あしごしら》えする」「足留めする」「足馴らしする」「足踏みする」を造語することとなりました。「手」を使って、「手合わせする」「手探りする」「手刷《てず》りする」「手出しする」「手続きする」「手習いする」「手引きする」「手解《てほど》きする」を造語することとなりました。

とにかく、この語構成法によるサ変複合動詞は、上代から現代に至るまで、強力な生産力をもって生産を続けてきているのです。

Q43

「いそいそ」とか「くよくよ」とかいう畳語性のオノマトペに「する」が付くとサ変複合動詞化しますが、そのような畳語性のオノマトペは、すべてサ変複合動詞化するのでしょうか。複合動詞化しないものがあるとしたら、それはどうしてですか。

A43

お尋ねにお示しの用例は、同じ畳語オノマトペでも、人間の精神生活に見られる心理の高揚している状態や過度に拘泥《こうでい》している状態を表している場合といえましょう。「いそいそ」が高揚している状態、「くよくよ」が低迷している状態、といってよいでしょうか。ただ、オノマトペは、人間の心情をいうものだけでなく、自然現象や、広く物象の状態や性質、動物の鳴き声や動きにまで及んでいます。ですから、すべてに「する」が付くとは限らないでしょう。改めて、そのための調査をしたわけではありませんが、「する」を付けることに抵抗を感じる用例が幾つか浮かんできましたので、畳語オノマトペのすべてが「する」を伴って、サ変複合動詞化するものではない、とお答えしておきましょう。お答えはそうですが、多くの畳語オノマトペはサ変複合動詞化される、といっていいでしょう。

日本語オノマトペのすべてが畳語ではありません。そもそも、畳語は、複数を表す表現法でした。「人々」「山々」、そして、副詞化した「泣く泣く」「重ね重ね」も、畳むことで、つまり、折り重ねることで、一つではないこと、複数であることを表しました。接続詞の「そもそも」も、そうです。感動詞の「もしもし」も、そうです。表現効果をもたらす修辞法でした。

そこで「いそいそ」は、「いそ」を繰り返したものです。その「いそ」が「急《いそ》ぐ」の「いそ」か「勇《いさ》む」の「いさ」か、わかりませんが、そういう心理を表すために採用されたのでしょう。その結果、〈喜び勇んでするさま〉を担うことになったのでしょう。「くよくよ」は、「くよ」を繰り返したものです。その「くよ」が、「燻《くゆ》る」の「くゆ」であるか「悔《く》やむ」の「くや」であるか、わかりませんが、そういう心理を表すために採用されたのでしょう。その結果、〈些細《ささい》なことにこだわって過度に心配するさま〉を担うことになったのでしょう。

いま、大方の傾向でいいますと、人間の動作・行為をいうオノマトペはもちろん、人間の健康状態、そして、精神状態をいうオノマトペには、動詞「する」が直ちに付くようです。自然現象や広く物象の状態や性質であっても、人間の動作・行為に見立てることができるものについては、容易に「する」を付けることができるようです。そのように見立てることに抵抗を感じた場合には、「する」を付けることにも抵抗を感じるようです。オノマトペとはいっても、動物の鳴き声は、擬声語・擬態語のうちの擬声語にしか当たらないのですから、本来的に、動詞は、「鳴く」と結びついていましょう。

では、念のため、畳語オノマトペのうち、動詞「する」が付きにくいものについて、確かめておきましょう。太陽が「かんかん照る。」を「かんかんする。」というでしょうか。「かんかん照っている。」を「かんかんしている。」と表現するのは、ちょっと無理なようです。雲が「もくもく湧《わ》いてくる。」を「もくもくしてくる。」というでしょうか。煙についてもいうので、煙突から「もくもく出ている。」を「もくもくしている。」というでしょうか。畳語オノマトペに「する」を下接させて表現できるかどうかの境目がどこにあるか、はっきりわかっているわけではありません。このあたりに境目があるのではないかと感じているところを申し上げて、お答えとさせていただきます。

Q44

日本語に、現在の語形のオノマトペが現れるのは、いつごろからですか。そのオノマトペが動詞「する」を下接させることができるようになったのは、どうしてですか。いわゆる古典作品のなかには、ほとんどオノマトペが出てこないもので。

A44

確かに、代表的な古典作品『枕草子』や『源氏物語』のなかでオノマトペに出会うことはないようです。かろうじて、『万葉集』の戯書として知られる「馬声《い》蜂音《ぶ》石花《せ》蜘蛛《くも》荒鹿《あるか》」（⑫二九九一）は、「馬声」で馬の鳴き声イを、また、「蜂音」で蜂の飛ぶ音ブを表していますが、擬声語としてはお粗末でしょう。『古事記』において、大穴牟遅神《おおあなむち》が野原のなかで火を放たれたとき、そこに現れた鼠が「内《うち》はほらほら、外《と》はすぶすぶ」と言ってくれたので、穴に籠もって助かる場面があります。その「ほらほら」も「すぶすぶ」もオノマトペで、〈虚《うつ》ろなさま〉や〈狭いさま〉を表しています。まさに、畳語型オノマトペです。

しかし、現代語には大量のオノマトペが存在し、畳語型ではないものもあって、多様化もしています。「うきうき」などのABAB型、「そろりそろり」のようなCDりCDり型が畳語型、非畳語も、「ほっそり」などのEっFり型、「ぼんやり」などのGんHり型、それ以外にも「あたふた」や「かさこそ」などあって、整理もしにくいほどです。そのようなオノマトペが文献に再度現れるのは、中世末の狂言などからでしょうか。実は、中古の作品『落窪物語』にも、そして、『源氏物語』にも、僅《わず》かは見られるのです。『枕草子』も、鶏の鳴き声を「ひよひよ」と捉えています。

さて、問題は、そのオノマトペが動詞「す」を下接させることができるようになった事情ですが、少し見えてきました。『大鏡』の兼通《かねみち》のところです。兼通は寝酒に雉《きじ》の生肉を召しあがったので、雉を用意していました。それを高階業遠《たかしなのなりとお》が逃がしてやった話です。櫃《ひつ》のなかに入れられていた雉がこつこつと音を立てたので、業遠が気づくのですが、「櫃のうちに、もののほとほとしけるがあやしさに、」（兼通）とあります。オノマトペは、末尾に「と」を付けていうこともあって、「ほとほと」でも「ほとほとと」でもよい、その「ほとほとと」が「す」の連用形「し」を付けて、〈ことこと音を立て〉ぐらいの意を表しています。この用例が、オノマトペが「す」を伴った初出であろうと思っています。

次の用例は、GんHり型の「どんみり（と）」です。〈色が濁っているさま〉を表します。狂言で、最もよく知られる、あの場面で、「黒うどんみりとしてうまさうな物ぢゃ。」（附子《ぶす》〈虎寛本《とらひろ》〉）と言っています。いま一用例、滑稽本から引いておきましょう。「大きな腰だよのう、我ながらなぜこんなにえごえごするだらう。」（浮世風呂）です。〈太って、肉がだぶだぶしているさま〉をいっています。この用例では、「と」を入れないで、「する」を直接させています

現代語では、こんなに多くのオノマトペに、「と」を添えても添えなくても、どちらにでも動詞「する」を付けて、そういう状態にあることを表現できるようになっています。しかし、ここに至るまでには、相応の経過があって、このように、定着したのです。それにしても、日本語のオノマトペ、中世末から急に多くなったというよりも、中古の作品には、そのような表現があまりは採用されなかった、と見るほうがよいかもしれません。『枕草子』のいま一用例、忘れていました。「虫は」の段です。蓑虫《みのむし》が、秋に迎えに来ると言って親が逃げて行ったのも知らないで、秋が近づくと、「ちちよ、ちちよ」と鳴く、といっています。『枕草子』は伝本によって、本文に異同がありますが、三巻本系統のものに見られました。

Q45

漢字二字を語幹とするサ変複合動詞は二字漢語に「する」が付いていることが明らかですが、漢字一字を語幹とするサ変複合動詞は、一字漢語を語幹にしているのか、漢字一字を語幹にしているのか、わかりません。どうなっているのでしょうか。

A45

おっしゃるとおり、漢字二字を語幹とするサ変複合動詞は、二字漢語に「する」が付いたものと見てよいでしょう。それら二字漢語は、多くが動作性名詞とか行為性名詞とかいっていいものです。それらに対して、漢字一字を語幹とするサ変複合動詞は、その漢字一字が、漢語なのか単なる漢字なのか、はっきりいってわかりません。わかりませんが、本来は、漢字一字に「す」を付けてきたのではないかと感じています。

まず、その漢字一字の語幹が一字漢語であるものを挙げてみましょう。「愛する」「案ずる」「解する」「害する」「感ずる」「禁ずる」「訓ずる」「減ずる」などは、その語幹の漢字が一字漢語でもあるものです。「愛の告白」の「愛」です。「案を立てる」の「案」です。「第一問の解」の「解」です。「害を及ぼす」の「害」です。「隔世の感」の「感」です。「禁を犯す」の「禁」です。「漢字の訓」の「訓」です。「三割の減」の「減」です。でも、「愛する」が古典語「愛す」として誕生した時点でどうであったかを考えなければならないでしょう。この問題は、現代語だけでは判断できないようです。

「応ずる」「化する」「介する」「画《かく》する」「吟《ぎん》ずる」「遇《ぐう》する」「屈《くっ》する」「講ずる」などは、「応」「化」「介」「画」「吟」「遇」「屈《くっ》」「講」などが一字漢語として存在していないようですので、一字の漢字に「する」が付いて成立したものと見てよいでしょうか。その成立については、いっそう厳密に追跡確認しなければならないでしょうが、漢字の字義に動作性・行為性を読みとって、動詞として即製したもののようにても感ぜられてきましょうか。そして、その背景には、漢文において訓読みすることができない動詞としての漢字を、漢字語幹サ変複合動詞としてきた慣行があったのではないか、と思えてくるのです。

例えば、「渇《かっ》する」という複合動詞について観察してみましょう。古典語としては、「渇す」です。〈喉《のど》がかわく〉意です。ここで浮かんでくるのは、「渇しても盗泉《とうせん》の水を飲まず」です。「盗泉」は中国山東省泗水《しすい》県にあった泉の名です。その名を嫌った孔子は、どんなに喉がかわいてもその水を飲まなかったという故事に基づいた名言です。どんなに困ったときでも、決して不正なことには手を出さない、ということです。「渇して井を穿《うが》つ」という諺《ことわざ》もあります。それも、出典は漢籍でしょう。これは、必要に迫られてから慌《あわ》てて準備することで、そういうことになるな、という教訓です。とにかく、〈喉がかわく〉意の一語の和語がないところから、「渇す」と読んでしまったように思えてきます。訓読みできないところから、そうしてしまったように思えてくるのです。

「娘を嫁《か》する」の「嫁する」、「真情を掬《きく》する」の「掬する」、「一驚《いっきょう》を喫《きっ》する」の「喫する」、「馬を御《ぎょ》する」の「御する」、「必勝を期する」の「期する」、「香を薫《くん》ずる」の「薫ずる」、「長寿を慶する」の「慶する」、「意を決する」の「決する」、「灯明《とうみょう》を献ずる」の「献ずる」、「賜杯《しはい》に名を刻する」の「刻する」など、いずれも、その表現のための一字漢字サ変複合動詞のように思えてきます。一字漢語ではありません。一字漢字を語幹としたサ変複合動詞です。いま一用例、気づきました。「敬して遠ざける」の「敬する」も、その一字漢字サ変複合動詞でした。

Q46

一字漢字サ変複合動詞や二字漢語サ変複合動詞が日本語のなか用いられるようになった初期の状況は、どのようだったのでしょうか。一字漢字サ変複合動詞と二字漢語サ変複合動詞とで、どちらが先行するのかなど、わかっていることはあるのでしょうか。

A46

お尋ねにお答えできるような研究がなされているとはいえないでしょう。常識的な推測をするなら、その根源は、外国語としての古代中国語を理解しようとした段階で、自然、生じることになったのでしょう。漢文を志向した『日本書紀』は、成立後、間もなく、朝廷で、その講筵《こうえん》が開かれていたようです。訓読の教習が行われて、次の平安時代にも引き継がれ、改訓もされたことでしょう。そして、現在なお、音読して動詞「す」を付けて、サ変複合動詞として読んでいるところもあります。

そこで、初期の仮名物語のなかにどのような漢字・漢語サ変複合動詞が見られるかから、覗《のぞ》いてみることにします。『竹取物語』に見る一字漢字サ変複合動詞は、「案《あん》ず」「要《えう》す」「害《がい》す」「具《ぐ》す」「請《しやう》ず」「奏《そう》す」「帯《たい》す」「打《ちやう》ず」の八語でした。『伊勢物語』の一字漢字サ変複合動詞は、「具す」「誦《ず》す」「念《ねん》ず」「弄《ろう》ず」の四語でした。『竹取物語』では、「害す」が延べ語数二、「具す」が延べ語数五、「奏す」の延べ語数が八でした。「奏す」は、天皇が登場しているからで、場面による偏りです。「具す」は、広く中古の仮名文献に見るようなので、ちょっと確かめると、『枕草子』に延べ語数四、『源氏物語』に延べ語数二十五が数えられました。それに相当する和語がないところから重宝《ちょうほう》がられたのでしょうか。

続いて、二字漢語サ変複合動詞を、同じ『竹取物語』からは、「御覧《ごらん》ず」「対面《たいめ》す」が拾えました。「御覧ず」は延べ語数五、「対面す」は延べ語数二でした。『伊勢物語』には、「行幸《ぎやうがう》す」「現形《げぎやう》す」「化粧《けさう》ず」「懸想《けさう》ず」「逍遥《せうえう》す」「対面《たいめん》す」の六語がありました。延べ語数あるものは、「行幸す」二、「逍遥す」二、

「対面す」二でした。そこで、「対面す」について、『枕草子』を見ると、一用例しかありませんでした。『源氏物語』を見ると、七十二用例もありました。どうして、こんな偏りが見えるのか、気になります。そうではあっても、この程度の資料で、何かいうことなど、できません。

語彙は、似通った作品でも、ちょっとした場面の違いなどで、その出現状況に大きな違いが出てしまうこともあるようです。和歌には、このような漢字・漢語サ変複合動詞は、まったく現れません。お尋ねに、それとなく見られた、一字漢字サ変複合動詞と二字漢語サ変複合動詞とで、どちらが先行するかなどということも、わかりません。以上、お答えできないと申し上げて、お答えとさせていただきます。

さて、あの「具す」、その「具」は、あるべきものが備わっている意で、多く〈共に行く〉〈連れて行く〉意に用いられていますが、本来は抽象概念を担っている漢字です。「案ず」「要す」「講ず」「念ず」「弄ず」も、どちらかというと、抽象性の精神行為をいうものといえましょう。該当する和語がないような行為をいう点で共通しましょうか。

『竹取物語』の「対面す」は、かぐや姫が勅使の内侍に会う行為を媼が言うところに現れます。『伊勢物語』の「対面す」は、男が友人に宛てた書簡に用いたものと、二条の后に仕えていた女に求婚していた男が言ったものとです。『枕草子』のそれは、あの大進生昌《だいじんなりまさ》の段で、彼の兄が言った伝言のなかに見る用例です。そして、『源氏物語』には七十二用例も見るのですが、いずれも謙譲語と見なければならない用例です。あるいは、「対面す」は、その使用者によって、その意味するところが大きく開いていたのではないか、と思えるのです。

Q47

『枕草子』に、自身の昇進を依頼して、「よきに奏したまへ、啓したまへ」と言っている場面が出てきますが、その「奏す」や「啓す」は、どうして〈天皇または上皇に申し上げる〉意や〈三宮《さんぐう》または皇太子に申し上げる〉意を表すのでしょうか。

A47

お尋ねになりたいのは、「奏す」が、〈天皇または上皇に〉限って申し上げる意を表す点についてではないのでしょうか。「啓す」が〈三宮または皇太子に〉限って申し上げる意を表す点についてではないのでしょうか。

「奏」という漢字は、〈まうす〉〈かなづ〉という訓で、〈申し上げる〉〈奏でる〉という意味です。「啓」という漢字は、〈ひらく〉〈まうす〉という訓で、〈開く〉〈申し上げる〉という意味です。そうであるのに、〈天皇または上皇に〉限ってなのか、〈三宮または皇太子に〉限ってなのか、ということなのだ、と思います。漢語においても、「奏」字には、天子に言を進め捧げる意の用例がありますので、天皇に申し上げる意になることは、理解はできます。しかし、日本のある時期以降は、申し上げる対象が厳密に特定されることになるのです。

この「奏」と「啓」とは、日本において、一定の概念を担うことになりました。養老律令《ようろうりつりょう》の、令《りょう》の編目である公式令《くしきりょう》において、公文書の様式の名称になったのです。「奏」は、天皇に申し上げる公式文書をいうことになり、取り扱う内容の大小で、論奏式・奏事式・使奏式が定められました。「啓」は、皇太子及び三后《さんこう》に奉る文書をいうことになりました。

一方、「奏」という漢字や「啓」という漢字は、恐らく訓《よ》むとすれば、ともに「まうす」、またはいっそう古い訓みの「まをす」と訓まれたりしていたでしょう。いま、例えば、『日本書紀』の「啓」」干皇太子活目尊一曰、」や「奏二于天皇一、」（ともに崇神六十年七月）の「啓」字や「奏」字は、ともに「まうす」と訓まれています。養老律令は、七一八（養老二）年に成っています。『日本書紀』の成立は、七二〇（養老四）年です。この記事が、公式令を配慮していたかどうかは判断できないでしょう。他にも、「奏」字を「まうす」と訓む資料は、幾つもあります。

しかし、その、また一方で、「奏」や「啓」を音読して、それにサ変動詞「す」を付けて言うことにもなったのでしょう。あるいは、外来語ふうであることに恰好《かっこう》のよさを感じるなど、あったのでしょうか。「奏す」「啓す」ともに、並行して進行したでしょう。少なくとも、この二単語については、他の一字漢字サ変複合動詞とは成立の過程が違うようです。いや、「奏」や「啓」は、一字漢語と認めてよい扱いとなっていたのですから、この二語については、一字漢語サ変複合動詞ということになります。

養老令のころ、「奏」の対象は、天皇だけでした。「奏」は、以降は上皇も対象にするかもしれませんが、動詞化した当初は「奏す」は、上皇に対しても用いた、という程度だったでしょうか。「啓」の対象は、皇太子と三后でしたが、動詞「啓す」となると、三后のほうが先に意識されるようになったのでしょうか。その三后は、三宮ともいわれるようになりました。太皇太后・皇太后・皇后を指すことに変わりはありません。

中古の日本語では、言う動作をいう客体尊敬ともいわれる謙譲語表現は多様でした。そういうなかで、対象を特定した「奏す」「啓す」が誕生しました。絶対敬語ともいわれます。

Q48

カタカナ外来語にまでなっていない外国語に「する」を付けて動詞化して使う人がいます。カタカナ外来語サ変複合動詞は、どのくらい増えているのでしょうか。本来の日本語動詞が減少していることになるのでしょうか。

A48

確かに、そういう方がいらっしゃいます。近年は、殊に限られた領域の取り扱いというか、操作などについて、そういう表現をする方が多いようにも思います。既製品マニュアルに、そう書いてあるのかもしれません。しかし、その「☆☆する」が、国語辞典に載っていることは、まずないでしょう。

遠い高校生時代のことですが、哲学科出身の先生がいらっしゃいました。ドイツ語のdenkenを語幹にして、「デンケンする」と頻《しき》りに言っておられました。時に、「アウフヘーベンする」とも言っておられました。少なくとも、この「デンケンする」、国語辞典に収録されることはないでしょう。市民権を得るには至らない存在だったのです。

さて、カタカナ外来語サ変複合動詞が増えているのではないかというお尋ね、確かに増えてはいますが、心配するほどではないでしょう。増えているのは、当然、名詞でしょうが、それ以上に、比率としては、形容動詞として受け入れたもののほうが高いのかもしれません。動詞には、名詞として受け入れ、併せて動詞としても受け入れているものがあるからです。

ここに、昭和二十二（一九五二）年刊の三省堂『明解国語辞典』と、二〇一一年刊の旺文社『国語辞典』とがあります。ほぼ六十年開いています。前者㊂の本体は九一九ページ、後者㊊の本体は一五五〇ページで、立項語数も相当開いていようと思います。しかし、とにかく学習国語辞典です。そのカタカナ外来語サ変複合動詞の立項数をア行で確かめると、㊂は二十七語、(旺)は三十二語で、思っていたより開きが小さいのです。そこで、㊂に立項されていて、(旺)に載っていないものが、「アウトカアブする」「アッパアカットする」「アデュウする」「アフレコする」「インシュウトする」「ウエルカムする」「エンゲエジする」「オオバアスライドする」「オオバアワアクする」の九語でした。一方、(旺)だけに載るものは、「アウトプットする」「アシストする」「アプローチする」「イメージアップする」「イメージダウンする」「イメージチェンジする」「インターセプトする」「エスカレートする」「オーソライズする」「オーダーする」「オーバーする」「オーバーネットする」「オープンする」「オンする」の十四語です。そこで、㊂・(旺)ともに載るものは、「アウフヘーベンする」「アタックする」「アップする」「アドバイスする」「アナウンスする」「アピールする」「アルバイトする」「アレンジする」「アンコールする」「インタビューする」「ウインクする」「ウエーブする」「ウオーミングアップする」「エキサイトする」「エスケープする」「エンジョイする」「オーバーラップする」「オミットする」の十八語でした。

ここで、少し気づいたことがあります。スポーツ関係用語は、時代の好みによって入れ換わるようです。また、「アウトプットする」は、コンピュータ時代を迎えたからでしょう。あのデンケン先生の「アウフヘーベンする」は、時代に左右されない哲学用のカタカナ外来語サ変複合動詞でした。

さて、あるいは、このカタカナ外来語サ変複合動詞の増加によって、日本語動詞が消えてしまうのではないかと、心配なさっていらっしゃったのではないでしょうか。海外からこれまでにない機器や思想などを導入した場合には、このカタカナ外来語の力を借りるのだ、とご理解ください。そのうえで、いま存在する日本語動詞で十分に表現できるところにカタカナ外来語サ変複合動詞をもち込むことは避けるようにしたいと思います。

Q49

和語に付いたサ変複合動詞で、「…んずる」となる単語には、「重《おも》んずる」グループと「先《さき》んずる」グループとの二種類があるようですが、それら各単語は、いつごろ、どのような文献に、どのような成立の事情あって登場してきたのでしょうか。

A49

『日本書紀』で、「但重₂其心₁」（継体元年正月）を「其《そ》の心をのみ重みすべし」と訓《よ》んでいます。その「重みす」は「重んず」とも訓まれて、古くから訓読に採用されていたとも見られましょう。しかし、『日本書紀』の訓読が、すべて成立直後のものを残しているわけではありません。そうではあっても、そして、日本漢文ではあっても、その訓読に関連して成立したと見てよいでしょう。「重」字に、〈重視する＝尊ぶ〉意があることを併せて受けとめておかなければならないでしょう。

『平家物語』で、命じても従わない配下に、清盛が「内府《ないふ》が命《めい》をば重うして、入道が仰せをば軽うしけるごさんなれ」（②小教訓）と言って、形容詞連用形「重く」「軽く」のウ音便形にサ変動詞「す」の連用形「し」を付けて用いていますが、一方、重盛は、古典の教え「刑の疑はしきをば軽んぜよ、功の疑はしきをば重んぜよ」（同上）を引いて説得します。その「軽んず」「重んず」は、漢籍『尚書』の訓読の表現です。

「疎《うと》んず」については、幸い、中古の訓点資料が残っていました。「呂后年長じ常に留守す。見《まみ》ゆること希なり。上益疏（ウトムス）。」（史記呂后本紀）とあった延元五（一〇七三）年点です。その「疏」という漢字を〈ウトムス〉と訓んでいたのです。

「重んず」は、形容詞「重し」の語幹「重」に接尾語「み」が付き、動詞「す」が付いた「重みす」が原形です。その「み」が撥音化して、「す」が濁音化します。その「重」字は、単に〈重い〉だけでなく、〈重く評価する〉意もあって、このように訓んできたのです。「軽んず」「疎んず」も同じです。

さて、「先んず」は、「先にす」の「に」が撥音化して、「先んず」となったものです。その「に」は、格助詞と見てよいでしょう。幸い、これも、中古末の訓点資料が残っています。「身、これを以て先〈サキンシ〉、僅かに以て少しき治まれり」（史記奏本紀）とある永万元（一一六五）年点です。「先」字を〈サキンシ〉、つまり、〈サキンジ〉と訓んでいます。

現在も漢文の授業で学ぶ『史記』の「吾聞、先則制レ人、後則所レ制」（項羽本紀）の訓読〈先んずれば則《すなは》ち人を制し、後《おく》るれば則ち制せらる〉ですが、その対《つい》となる「後るれば」は、具合よく「後る」というラ行下二段動詞があったから、そう訓めたのです。しかし、「先」には、動詞としての訓がありませんでした。それが、「先んず」を誕生させなければならない理由となったのです。

「諳《そら》んず」は、〈暗記する〉ということです。「諳にす」の「に」が撥音化して、「諳んず」となったものです。「空」とも「虚」とも書く、〈空間〉などを意味する「そら」という名詞が、何もないさまをもいうのに用いられて、〈何も見ないこと〉を意味したようです。この「に」も、格助詞です。『太平記』に「文は漢魏《かんぎ》芳潤《はうじゅん》に漱《くちすす》いで万巻《ばんくわん》の書を諳《そら》んじ給ひしかば」（⑰大内裏造営の事）とありました。ただ、別の伝本には、「諳《そら》に浮かべ玉ふ」となっていました。そうでした。『枕草子』の宣陽殿《せんようでん》の女御《にょうご》の話に「さては古今の歌二十巻をみな浮かべさせ給ふを御学問にはせさせ給へ」（㉓清涼殿《せいりょうでん》の丑寅《うしとら》の隅《すみ》の）とありました。〈暗記する〉を和文では、バ行下二段の「浮かぶ」、つまり、〈浮かべる〉といっていました。

「重んずる」グループ、「先んずる」グループ、それぞれ、このようななかから登場してきました。

Q50

「愛する」「託する」「略する」などという一字漢字サ変複合動詞は、近現代語のある時期から、「愛す」「託す」「略す」というサ行五段活用化してしまっていますが、それはどうしてですか。また、該当語は、どのくらいあるのでしょうか。

A50

記述文法という立場があります。文法事実を整理して記述する以外、立ち入らない姿勢です。この問題については、日本語史の書物なども、一部のサ変複合動詞がサ行五段活用化したという事実を述べてあるだけのように思っていますが、そういうところからのお尋ねと思いますが、だからといって、論拠となる資料が出てきたりしているわけではありません。

この問題には、旧四段活用・新五段活用動詞の可能動詞化が関係するように思えてなりません。いま、一般に、五段活用「愛す」の初出は、松島での芭蕉の「負《お》へるあり抱《いだ》けるあり、児孫愛すがごとし」（奥の細道）とされています。しかし、その契機は、未然形の「愛せず」や「愛せない」にあったと見なければならないでしょう。一方に可能動詞が意識されたとき、その〈愛さない〉のつもりの「愛せない」が、〈愛することができない〉と解されてしまいましょう。連用形「愛し」と古典語終止形「愛す」とから、〈愛さない〉意の「愛せない」を用いなくてよい、新五段活用へと惹《ひ》かれていったと思いたいと思います。

同じ一字漢字サ変複合動詞でも、「信ずる」などが、命令形「信じろ」の「ろ」語尾を捨てきれずに新上一段活用化していったグループと袂《たもと》を分かつことになったのも、サ行五段化を峻別《しゅんべつ》させることとなったのではないでしょうか。どちらにとっても、それがそれぞれの活用の種類の移籍を促したと思います。もちろん、混乱もありました。武者小路実篤《むしゃのこうじさねあつ》は、「愛しない」（第三の隠者の運命）といい、「愛しろ」（幸福な家族）ともいっています。武者小路の「愛する」は、「愛す」へではなく、「愛しる」へと、一人ならぬ一語、はぐれてしまったようです。しかし、大勢は、「愛する」を新五段「愛す」へ移籍させていました。

お示しの「愛す」「託す」「略す」は、新五段への移籍の第一陣でした。他に、「解す」「熟す」「属す」「服す」「復す」「約す」「訳す」なども、その第一陣と見てよいようです。ここで、気づいたことがあります。「す」の直上が、イ音かク音か、ということです。続いて、やや遅れて、「害す」「期す」「擬す」「議す」「辞す」「祝す」「宿す」「対す」「博す」なども移籍しました。これらも、「す」の直上がイ音かク音か、です。

さらに、「休《きゅう》す」「堕《だ》す」「付《ふ》す」も、サ行五段化していましたが、こちらは、音韻面での共通性はありません。使用頻度も高くないようですので、去就に迷った末の移籍という感じです。以上は、調査報告の一部を借りたり、手許の用語辞典を覗いての感覚的な認識です。そのなかには、和語の形容詞「ない」の連用形「なく」に「する」の付いた「なくする」が、いつか、この仲間に入って五段活用「なくす」となって含まれていました。ク音がそうさせたのでしょうか。

このようにして、サ行五段活用化した、これら一字漢字や「なく」を語幹として、可能動詞としても使えるようになりました。殊に現代社会においては、「(二つの部会に)属せる」とか、「(あの課長にはこの仕事も)託せる」とか、実に有効に活用されているようです。「なくする」を「なくす」にしたのは、「なくせる」といえるからだった、ともいえそうです。いずれにしても、サ変複合動詞だったこれら一群が、目の前といってよい、近現代の日々のなかで、サ行五段活用動詞に変身していったことは、確かな事実です。

Q51

「演ずる」「論ずる」「講ずる」「通ずる」などという一字漢字サ変複合動詞は、きちんと上一段活用化しているのでしょうか。時に、終止・連体形については、サ変動詞の活用と同じ活用形を見せることがあるのは、どうしてですか。

A51

確かに、一字漢字サ変複合動詞から活用の種類を変えた語群でも、サ行五段化したグループに比べて、このサ行上一段化するグループは、その移行の動きが不徹底で、完全にはサ行上一段化していない用例を見ることが多いところからの、このお尋ねであろうと思います。それでも、ここ二十年ほどは、低学年向け読み物などには、上一段化がだいぶ進んだように感じています。

お尋ねにお示しの用例は、語幹末尾が撥音であるか、オ列長母音のウ表記であるかの別に配慮してお示しですが、そういう面から見ても、これらサ変複合動詞の上一段化の理由は見えてきません。それは、現代語サ変の未然形にも共通するのですが、打消の助動詞が「ず」だけでなくなったことが、関係しましょう。新しい打消の助動詞「ない」は、サ変動詞「す」の連用形「し」を受けて、「(そんなことは)しないと思う。」などということになってしまいました。その結果として、いま、未然形に「し」も入れてあるのです。それに引き摺《ず》られて、「演じない」「講じない」が誕生したと見てよいでしょう。これで、未然形・連用形が「じ・じ」となるので、上一段化への動きはいくらか見えてくると思います。さらに、命令形に口語尾や、なおヨ語尾を残したいという気持ちなども関係したでしょう。

ただ、上一段化に向けては、近世末のころ、本来はtという入声音《にっしょうおん》が、日本語としては「つ」の音となった漢字の末尾音が、動詞「す」に連なる際に促音化した「察《さっ》す」のような単語の終止・連体形が「察する」とも「察しる」ともなって、上一段化への動きが見えたのでした。しかし、それは、その後、見られなくなってしまったようです。それに、それは、たまたま、発音が「し」となっていた、ということかもわかりません。

お尋ねは、近現代語を幅広く見て、殊に終止・連体形が「演じる」だけでなく「演ずる」ともなっていることが、気になってならないのだと思います。お示しの単語ですと、「演ずる」は、〈劇などで役をつとめる〉意で、小学生が用いるとなると、多くが「演じる」でしょう。「通ずる」も、道の場合も、ことばの場合も「通じる」でしょう。語義の難易とか、さらにいうと、文体とかが関わります。「論ずる」や「講ずる」は、それらを用いる文章も論説や評論でしょうので、「論ずる」や「講ずる」のほうが多いでしょう。そして、その筆者も関係してきます。年配者はサ変動詞と同じ終止・連体形を、若年層はザ行上一段活用の終止・連体形を、ということです。もちろん、その個人によっても、違いがあります。

ここで、ちょっと顕著な傾向の見える、一緒に用いる表現との関係を申し上げましょう。現代の文章のなかにも、その論説や評論ですと、「べきだ」などという文末表現を用いることがあります。その「べきだ」は、やや文語的といいましょうか、少なくとも、「べき」は訓読文に多く見る古典語です。そのような助動詞相当の文末表現の上は、どうしても、古めかしいほうがふさわしいことになります。そこで、平生は「感じる」という上一段を用いている人でも、「べきだ」の上となると、「感ずるべきだ」としていることなどないでしょうか。いや、さらに古い古典語「感ず」という終止形を用いて「感ずべきだ」と言っていたりするものです。

「重んずる」「先んずる」などのサ変複合動詞も、いつか、「演じる」「通じる」などの影響を受けて、「重んじる」「先んじる」となってきています。いや、「先んじる」は、その上一段に少々抵抗していると思います。「先んずれば人を制す」などが、根強く残っているからです。

Q52

漢語サ変複合動詞と助動詞「れる」との間には、顕著な偏りが見えますが、どう理解したらよいのでしょうか。「調査する」「研究する」に付く「れる」は尊敬、「信頼する」「嫌悪する」に付く「れる」は受身のようですが、どうしてなのでしょうか。

A52

その偏りは、確かに顕著です。この問題は一般の動詞についてもいえるのですが、漢語サ変複合動詞は、概念の密度が高く厳密ですから、そのように強く意識されるのであろうと思います。「調査される」「研究される」の「れる」は尊敬であり、「信頼される」「嫌悪される」の「れる」は受身であることが多いようだ、ということは、いえます。いま、後者については多いようだ、と申し上げましたように、「信頼される」「嫌悪される」については、尊敬のこともあります。

「A教授は、この地域の地質を調査されている。」の「調査する」は、A教授（人間）がこの地域の地質（人間以外の万象）に対する動作・行為です。そのような動詞が助動詞「れる」を伴ったとき、その「れる」は尊敬の意を表しているようです。そこで、「調査する」に類する動詞に「れる」が付いた場合、その「れる」はすべて尊敬と見てよいか、というお尋ねだと思います。ほぼ、そう見てよいでしょう。

「B議員は、この地域の人々から信頼されている。」の「信頼する」は、主語であるB議員（人間）に対して、その地域の人々（主語となる人物以外の人間）が行う動作・行為です。そのような動詞「れる」を伴ったとき、その「れる」は受身の意を表しているようです。そこで、「信頼する」に類する動詞に「れる」が付いた場合、その「れる」はすべて受身と見てよいか、というお尋ねだと思います。大方、そう見てもよいでしょう。しかし、すべてではありません。そうでない場合もあります。

以上が、お尋ねに対するお答えです。

お答えは以上ですが、このお尋ねには、非常に重要な認識のあり方が潜んでいます。文法と語彙との関係です。どういう意味群の動詞かによって、それが文法的性質と結びついて、ある傾向を表すことに気づかれたわけです。ただ、構文からの観察眼を忘れていました。

そこで、「信頼する」が「れる」を伴って、尊敬の意を表す用例を紹介しましょう。「C社長は、人事部長を最も信頼されている。」です。その「れ（↓れる）」は、尊敬の意を表しています。ですから、「信頼する」という動詞は「れる」を伴って、受身の意を表すこともあり、尊敬の意を表すこともある、ということになります。

ただ、「嫌悪する」となると、「れる」を伴って、尊敬の意を表す用例には、なかなか出会えないでしょう。あえて創作すると、次のような用例文が浮かんできました。「D夫人は、冷淡な夫を嫌悪されている。」です。でも、この用例文は、やや特殊な家庭を素材にしているといえましょう。でも、成立はしました。ですから、「嫌悪する」という動詞も、「れる」を伴って、受身の意を表すこともあり、尊敬の意を表すこともある、ということにはなります。

さて、その「調査する」「研究する」群として、さらに、「観察する」「実験する」「解剖する」などを挙げることができます。「信頼する」「嫌悪する」群として、さらに、「尊敬する」「表彰する」「疎外する」などを挙げることができます。それぞれ、該当語は、まだまだあります。ただ、先ほど、尊敬語となる「嫌悪される」で、ちょっと悩まされましたが、「疎外される」の尊敬語用例文は、どんな方でも、創作できないでしょう。文法的にはありえても、実用例文は存在させえない場合がある、ということです。

ところで、以上には、一つの条件があったのです。人間主語文という条件でした。

Q53

日本国憲法には、「義務教育は、これを無償とする。」（第二十六条②第二文）とあったり、「…、立法その他の国政の上で、最大の尊重を必要とする。」（第十三条第二文）とあったりします。とにかく、みな、「AをBとする」型であるのは、事情があるのでしょうか。

A53

国語辞典の一部にも、日本語教育の書物などにも、「AをBに／とする」などとして、「に」でも「と」でも、どちらでもいえる表現が挙げられています。そうはいっても、「に」のほうが多いようです。それを「と」でいうのは、既習33のような場合でしょう。憲法の条文に見る「とする」は、すべてがそれと同じとは思えません。三種類ぐらいに分けられそうです。

お尋ねにお引きの「義務教育は、これを無償とする。」は、提題の「は」を用いて、「義務教育」に注目させます。そのうえで、その「義務教育」を「これを」の「これ」で受けます。したがって、この一文は、〈義務教育を無償とする〉ということになります。さらにいうと、〈義務教育の教育費を無償とする〉ということです。有償でもなく、一部負担でもなく、無償と〈決めて取り扱う〉というようなことでしょう。夙《つと》に、既習17において学習してきたところです。「衆議院議員の任期は、四年とする。」（第四十五条第一文）も、選択して決定する意で共通しましょう。他に、（第百二条第一文）も、同じ「とする」です。「両議院の会議は、公開とする。」（第五十七条①第一文）も、やはりそうでしょう。

それらに対して、お引きの「…、立法その他の国政の上で、最大の尊重を必要とする。」は、〈最大に尊重することが必要である〉ということです。この「必要」は、単なる名詞ではなく、形容動詞の語幹です。七十数年前の表現で、上記のように言い換えて理解するところでしょう。この「…を必要とする。」が、なんと、そこで言い切る用例だけでも、八用例もありました。「…、出席議員の三分の二以上の多数による議決を必要とする。」（第五十五条第二文）が続き、以下、（第五十八条②第二文）（第七十三条三第二文）（第七十四条）（第八十四条）（第八十五条）（第九十八条）に見られました。

さらに、「…、国会休会中の期間を除いて三十日以内に、議決しないときは、衆議院の議決を国会の議決とする。」（第六十条②）に見る「とする」があります。その「衆議院の議決を国会の議決とする」は、〈衆議院の議決をもって、国会の議決に相当するものと判断し、決定する〉というようなことでしょう。一つの便法としての取り扱いです。衆議院と参議院とが異なった議決をした場合の便法としての取り扱いです。いま一用例あって、それも、衆議院・参議院とが異なった指名の議決をした場合の便法です。「…、国会休会中の期間を除いて三十日以内に、議決しないときは、衆議院の議決を国会の議決とする。」（第六十条②）で、まったく同じ文言です。

日本国憲法には、以上のように三グループの「とする」がある、と見ています。これら「とする」は、言い換えようと思えば、「にする」に言い換えられます。しかし、それでは、この憲法の文体を崩してしまうことになるのです。殊に、冒頭に引いた「義務教育は、これを無償とする。」の「これを」は、提題として掲げた「義務教育は、」の「義務教育」を受けて、ヲ格で明確にしています。この指示語「これ」を用いた表現形式は、明治憲法から引き継いだ漢文訓読の語法です。九条に見る「…、武力による威嚇又は武力の行使は、…、永久にこれを放棄する。」も、同じ表現形式です。そのような表現のなかに、和文の「にする」では、文体が崩れてしまいます。「とする」でないと、憲法の文体に副《そ》いません。こういう事情があったと見てよいでしょう。

Q54

「気象庁では、津波の心配はないとしています。」など、省庁の発表や、「かわいい子には旅をさせよとされている。」など、格言の引用提示に用いられる「とする」は、どのように理解したらいいでしょうか。これら表現は、共通していましょうか。

A54

お尋ねにお引きの用例、既習25でお答えに用いた用例ですので、今回のお答えが既習25の一部と重複すること、あらかじめ、ご了解ください。お尋ねに即して、さらに新しい話題を提供いたします。

さて、それは、省庁の発表というより、その省庁の発表を伝達する報道機関の表現として登場してきた、と見たほうがいいのではないでしょうか。そのような表現、諺《ことわざ》や格言を引いて教え諭す場面にも、確かに見られます。「とする」が一文を受けて用いられると気づかされて、広がりを見せたのでしょうか。従来の「とする」は、語や語句を受けて用いられるはずでしたが、ここのところ、確かに、文を受ける「とする」が見られます。

この現象については、とりわけて注目しなければならないと思います。「とする」の本来の「と」は、認識の内容を受けとめる格助詞です。時枝文法という文法観に従うと、指定の助動詞の連用形でした。ところが、今回お尋ねの「とする」の「と」には、引用の格助詞が同居してしまっている感じです。ですから、「と言う」などの、その「言う」の意味を、この、文を受ける「とする」の「する」は、担っているようにも思えてきます。

文を受ける「とする」は、一方では、ある時期から長きにわたって、限られた世界で用いられてきています。数学の授業時間にしばしば聞かされた仮定の表現です。「aがbより大であるとするなら、…。」

です。もちろん、それは仮定の表現ですから、「とする」ではありませんが、語や語句ではなく、文を受ける「とする」という点で、お尋ねのような表現が許される背景となっているように思えてきます。

もともと、この、文を受ける「とする」は、伝達者に公表内容についての責任がないことを表明することを目的に採用されたのであろうと思います。いうならば、責任回避の表現形式として、その業界がつくってきたようにも思えます。したがって、「気象庁では、「津波の心配はない」としています。」というように、会話文符号を付けて受けとめられる文構造なのです。その「し（↓する）」は、〈言う〉を代行しているといってもいい「する」です。いや、堅い世界の伝達ですから、〈公表する〉を代行する「する」といったほうがいいでしょう。あるいは、そういうマニュアルができているのではないでしょうか。

責任回避表現は、受身表現とも提携します。高校現場に勤務していたころ「本校では、「柄《がら》付《っ》きの靴下での登校は認めない」とされているんだ。」と言って指導していた同僚がいたことを思い出します。ラジオやテレビの事件報道の解説でも「加害者側からは「被害者が先に殴りかかってきた」ともされています。」と語っています。諺や格言には、耳に逆らうものもあるようです。「（私が偉そうに言うわけではないが、）「かわいい子には旅をさせよ」とされています（からね）。」というような気持ちがあっての、この表現であるようにも思えてきます。嫌われまいとする気持ちが、さらにまた、この表現を支援しているようにも思えてきます。

説話物語の一話々々の末尾に見る伝聞の表現には多様な解釈があるのかもしれませんが、その一つには、責任回避の意図もあったでしょう。現代にあっては、報道伝達の業務のなかで、いち早く情報として流したいが、誤解を招くことなく伝える手段の一つとして、この、文を受ける「とする」表現が採用された、のではないかということです。その「とする」は、さらに、「とされる」とまでなっています。

Q55

「挨拶《あいさつ》だけで、改めての話もし[a]なかった。」「いちおう話はし[b]たが、…。」の「話」は、名詞です。「積極的に話しもし[c]なかった。」「その件について話しはし[d]たが、…。」の「話し」は動詞です。そのa・bとc・dとの「し（↓する）」は、どう違うのでしょうか。

A55

お尋ねのなかで、名詞の「話」と動詞の「話し」とをはっきり区別して認識していらっしゃいますが、一般には、その区別が、まず一つの問題でしょう。名詞の「話」も、もともとは、動詞「話す」の連用形が品詞転成して、名詞となったものだからです。「改めての話」は、「改めての」という連体修飾語を受けているので、名詞化していることが明らかです。次の「話」は、「話は、」の「は」にヲ格が内包されていて、そのように、ヲ格助詞を内包する係助詞「は」の上にあるので、これも名詞と判断されます。それらに対して、「話し」と表記されているところからも、続く二つの「話し」は、動詞「話す」の連用形と感じとれてきます。

では、a・bの「し（↓する）」に注目しましょう。それぞれのヲ格先行成分「改めての話も（ヲ）」「話は（ヲ）」を受けて、そこに向けての動作を担っていますから、ともに他動詞の「する」と判断されます。c・dの「し（↓する）」は、係助詞「も」「は」の上の動詞「話し」をそのまま受けて、同じはたらきをしています。イコール「話し」だと思ってください。これらの「し（↓する）」は、それぞれの上の係助詞「も」「は」がない場合、それぞれの本文は、「積極的には話さなかった。」「その件について話したが、…。」となります。ところが、それぞれのその位置に係助詞「も」「は」を用いることになって、続く「なかった」や「たが」に接続させるために活用する単語が必要になったのです。その結果として、そこにc・dの「し（↓する）」が用いられることになったのです。c・dの「し（↓する）」は、係助詞「も」「は」を用いることになったために必要になって、そこに採用されたのです。a・bの「し（↓する）」とc・dの「し（↓する）」とは、以上のように違うのです。

いちおう、a・bの「し（↓する）」とc・dの「し（↓する）」との違いは、ご説明申し上げました。ここで、a・bの「する」は一般的な他動詞用法のものだが、c・dはそれとは違っていて、直上の係助詞と、さらにその上の動詞連用形と関係することに気づかれた方もいらっしゃいましょう。このc・dの「し（↓する）」については、橋本進吉という文法学者が、補助的用法といったのを受けて、いま補助動詞と呼んで取り扱っています。『新文典』という旧制中等学校用教科書の、先生方が教えるために使う教授資料としての『新文典別記』（富山房・昭和八（一九三三）年）に示された判断です。

そこに挙げられている用例を、参考までに引いておきましょう。「聞きはしたが、見はしない。」「行きさへすれば、それでいい。」「誰が眠りなどするものですか。」などです。この用法は、日本語史のうえでいうと、中古の和歌に盛んに用いられていました。八代集という勅撰和歌集の和歌には、多様な用法・用例が見られました。その意味では、現代語の補助動詞「する」は、峠《とうげ》を越えて、僅《わず》かに残っている用例という感じです。

現代語で、この補助動詞「する」について、この用例は確かにそうだなと感じるのは、「泳ぐ」という動詞に「は」なり「も」なりを介在させて、その補助動詞「する」を用いたときです。「泳ぐ」には、その連用形から名詞化した「泳ぎ」があります。「泳ぎがうまい。」の「泳ぎ」です。それに対して、「泳がない。」に係助詞「も」を介在させて、打消を強調しましょう。すると、「泳ぎもしない。」となります。この「泳ぎ」と、先の名詞の「泳ぎ」とは、アクセントが違います。ここで、補助動詞「する」を添えて用いる、動詞連用形の「泳ぎ」が明確に認識できます。お確かめください。

Q56

「蹴りはし[o]たが、殴りはし[p]なかった。」「泣きもし[q]ないし、笑いもし[r]なかった。」の各補助動詞「し（→する）」は、自動詞でしょうか、他動詞でしょうか。そもそも、補助動詞「する」そのものは、自動詞なのでしょうか、他動詞なのでしょうか。

A56

現代語の補助動詞「する」は、用法が限られています。動詞の下に付けて微妙な意を副《そ》えようとする係助詞・副助詞が大幅に減ってきてしまっているからです。そのように動詞に付く助詞は、係助詞の「は」「も」ぐらいになってしまいました。補助動詞「する」は、広く動詞が助動詞などに接続している表現に、係助詞「は」「も」などを介在させて、微妙に表現に違いをもたせようとしたときに必要となります。どうして必要かというと、その「は」「も」を動詞の下に介在させたものですから、下の助動詞の上が活用語ではなくなってしまったので、活用語を要求することになります。そこに採用されるのが、補助動詞「する」なのです。

「話しもしなかった。」は、「も」を介在させないとき、「話さなかった。」でした。そこに、「も」を入れるので、「話す」を連用形の「話し」にして、「も」を介在させました。すると、「話しはなかった。」になってしまいます。これでは、「なかった」の「なかっ」が活用語の下でないと、何を打ち消すかが示せません。そこで、上の「話し」と同じはたらきをしてくれる補助動詞「する」をその位置に用いることになったのです。その結果として、「話しもしなかった。」という表現になるのです。

そこで、お尋ねにお答えいたします。「蹴りはしたが、」のo「し」は、補助動詞として、「蹴り」のはたらきを引き受けているのですから、「蹴り」と同じ他動詞として機能していることになります。続いて、「殴りはしなかった。」のp「し」は、補助動詞として、「殴り」のはたらきを引き受けているのですから、「殴り」と同じ他動詞として機能していることになります。では、次の用例文の「泣きもしないし、」のｑ「し」は、補助動詞として、「泣き」のはたらきを引き受けているのですから、「泣き」と同じ自動詞として機能していることになります。続いて、「笑いもしなかった。」のｒ「し」は、補助動詞として、「笑い」のはたらきを引き受けているのですから、「笑い」と同じ自動詞として機能していることになります。

したがって、補助動詞「する」は、自動詞でも他動詞でもないのです。「蹴りは」「殴りは」「泣きも」「笑いも」という被補助語を各補助動詞「し」が補助しています。その被補助語を補助しているのですから、被補助語が他動詞ならば補助動詞「し（→する）」も他動詞となり、被補助語が自動詞ならば補助動詞「し（→する）」も自動詞となるのです。

さて、その被補助語となるものは、助動詞の「れる」や「せる」を付けたものであることもあります。何か、メロドラマのような感じがしてきますが、「泣かれもしなかったが、泣かせもしなかった。」という用例文で確かめてみましょう。補助動詞ℓ「し」は、補助動詞として、「泣く」という動詞の未然形「泣か」に受身の助動詞「れる」の連用形「れ」の付いた「泣かれ」のはたらきを引き受けています。補助動詞ｍ「し」は、補助「泣く」という動詞の未然形「泣か」に使役の助動詞「せる」の連用形「せ」の付いた「泣かせ」のはたらきを引き受けていることになります。

五段活用化した漢語サ変複合動詞があります。既習50の「愛す」「託す」「略す」などです。もうサ変動詞ではないので、被補助語となって、補助動詞「する」に補助してもらう表現もありえるようになりました。「もう、彼のことなど、愛しはしない。」のｎ「し」がそれです。

Q57

「飲んだり食ったりしvている。」や「行ったり来たりしwている。」のv「し(↓する)」やw「し(↓する)」は、補助動詞と見てよいでしょうか。自動詞・他動詞の別は読みとれましょうか。また、「拗《す》ねたりする」の「する」は、どう見たらよいでしょうか。

A57

まず、「…たり…たり」から説明してまいります。「…たり…たり」の「たり」は、中古・中世にあっては、完了とか存続の意を表す助動詞でした。それが、連用形で中止できる機能を生かして、『平家物語』には、「艫舳《ともへ》に走りまはり、掃《は》いたり拭《のご》うたり、塵《ちり》拾ひ、手づから掃除せられけり。」(⑪先帝身投《せんだいみなげ》)のような用法を見せるようになりました。並立の接続助詞と見られます。ところが、その一方で、「皆人は、重き鎧《よろひ》の上に重き物を負うたり抱いたりして入ればこそ沈め、…。」(⑪能登殿最期)というように、「…たり…たり」の下に「し(↓する)」を添えて用いてもいました。この用例は、「負うたり抱いたりして」というように、「して」が「負うたり抱いたり」を補助していて、その「し」は、「負うたり抱いたり」のはたらきを引き受けていると見ることができようと思っています。つまり、「…たり…たり」を介在させたために、「負う・抱い」の活用語としての機能を、いま一度、この「し(↓する)」が引き受けて、接続助詞「て」へと接続させている、ということです。

そこで、お尋ねの「飲んだり食ったりして」も、v「し」が「飲ん・食っ」の活用の機能を引き受けて、接続助詞「て」へと接続させている、と見てよいでしょう。ここで、「たり」が「だり」となっているのは、「飲み」が撥音便化して、「飲ん」となっているからです。いわゆる連濁です。次の用例文の「行ったり来たりして」も、w「し」が「行っ・来」の活用の機能を引き受けて、接続助詞「て」へと接続させています。したがって、これらv「し(↓する)」やw「し(↓する)」は、補助動詞である、といっていいでしょう。

次の、その補助動詞「する」は自動詞か他動詞かというお尋ね、既習56で確認してきています。補助動詞「する」は、自動詞を補助していれば自動詞、他動詞を補助していれば他動詞、ということになります。この「…たり…たり」は、並立の関係で、その「…」部分にいろいろな動詞を迎え入れますが、大方は、自動詞が並んだり、他動詞が並んだりで、自動詞と他動詞とか、他動詞と自動詞とかいう組合わせで並立となる場合があるのでしょうか。そもそも、補助動詞「する」については、自動詞か他動詞かを意識することなく、素直に被補助語の活用の機能を代行していると受けとめるだけでいいように思います。例えば、「食べたり食べなかったり する。」の場合、「食べ」は他動詞ですが、「食べなかっ」は打消の助動詞を伴っているので、どういうことになるのでしょうか。補助動詞「する」については、自動詞・他動詞は意識しないほうがよい、ともいえましょう。

いま一つ、「拗ねたり など する。」がありました。この「…たり など」は、当然、「…たり…たり」の後に現れたと見てよく、「…たり…たり」の重なりを煩わしいとして、「たり」に例示の意を担わせ、類似の動作・行為が他にもあることを示す「など」を添えて成立したもののようです。「拗ねたりなど する。」の「する」も、「拗ね」が「たりなど」の介在によって、言い切りの機能を失いましたので、その活用の機能、この場合は言い切りの機能ですが、その機能を代行するものとして、この「する」が用いられています。ですから、この「する」も補助動詞と見たいと思います。「怒鳴ったりなど して いた。」についても、「たりなど」の介在で、「怒鳴っ」が失った接続助詞「て」への接続を、その「し」が担ってくれています。補助動詞「する」の大事なはたらきです。用例文を作文して、さらに確かめてみてください。

Q58

「極端な言わせ方をしたものだ。」の「し」は、どのように読みとれましょうか。「ひどいいじめられ方をしたものだ。」の「し」は、どのように読みとれましょうか。これらの「し」については、どのように認識したらよいのでしょうか。

A58

このお尋ねにお答えするに先立って、既習56の後半において取り上げた「泣かれもしなかった。」や「泣かせもしなかった。」について、いま一度、確認しておこうと思います。まず、「泣かれもしなかった。」の「し」は、「も」が介在することによって「泣かれ」が失ってしまった「なかった」への接続の機能を代行している補助動詞です。その「泣かれ」は、動詞「泣く」の未然形「泣か」に受身の助動詞「れる」の連用形「れ」が付いた語句です。その二単語から成る「泣かれ」を一単語の補助動詞「し（→する）」が代行しているのです。「泣かせもしなかった。」の「泣かせ」についても、同じようなことがいえます。その「れ」や、「せ」という、受身や使役の助動詞は、どのように認識したらよいのでしょうか。「する」という動詞は、そのような助動詞と、いろいろな場面で関わりをもつもののようです。

さて、それでは、その「極端な言わせ方をしたものだ。」の「し」について考えていきましょう。裏にいる反社会的集団の親分が善良な市民に向けて、手下のチンピラを使って恫喝《どうかつ》か何かさせている場面が見えてきたでしょうか。あらかじめ、その悪《わる》が、手下のチンピラに、こう言って脅しつけろと教えてあるのでしょう。そこで、「極端な言わせ方」の「言わせ方」となっているのです。その「せ」は、使役の助動詞「せる」の連用形で、「言わせ方」という複合名詞になっています。いよいよ、その「し」がどう読みとれたかを申し上げるところに来ました。この「し」は、〈させる〉の〈させ〉というように読み解くのが適切でしょう。

次の「ひどいいじめられ方をしたものだ。」についても、観察していきましょう。これも、嫌な用例文ですが、お許しください。このような関係の場合にしか、この表現は用いられないのです。真面目な生徒会長が番長とその子分たちから講堂の裏に呼び出されての惨事でした。もう、「いじめられ方」という複合名詞の説明の必要はないでしょう。一部だけ繰り返していえば、そこには、受身の助動詞「られる」の連用形「られ」が用いられています。したがって、その動詞「し」については、〈され〉と読みとるのが、的確な読みといえましょう。

念のためにいえば、訳語〈させる〉は、サ変動詞「する」の未然形「さ」に使役の助動詞「せる」が付いたものです。「言わせ方」の「せ」に反応した訳出です。訳語〈される〉は、サ変動詞「する」の未然形「さ」に受身の助動詞「れる」が付いたものです。「いじめられ方」の「られ」に反応した訳出です。既習4で学習してきています。

ここで、それらの「し（→する）」が、〈させる〉や〈される〉の意を担ってしまえる事情について考えてみましょう。それら「せる」や「れる」が動詞の一部でしかないから〈させる〉や〈される〉という意味を「し（→する）」が担えるのであろう、といっていいでしょうか。単語としては独立していますが、このような助動詞は、動詞の一部でしかなく、助動詞からは外したほうがいい、という考え方もあります。時枝誠記《ときえだもとき》という文法学者の『国語学原論』（岩波書店・昭和十六年）には、「辞より除外すべき受身可能使役敬譲の助動詞」という項があって、そういうことを述べています。冒頭において再確認した「泣かれもしなかった。」と「泣かせもしなかった。」、いま一度、いや、三度めの確認をしてみてください。

Q59

「駅前でお待ちし^A^ます。」のA「し」は、どういう用法の「する」と見たらよいでしょうか。「明日《あす》はお休みし^B^ます。」のB「し」は、どういう用法の「する」と見たらよいでしょうか。「お荷物をお持ちし^C^ます。」のC「し」は、どちらと同じでしょうか。

A59

お尋ねは、学校でのテスト、時には入学試験問題に見たりするような内容です。もちろん、ここで注目しなければならないのは、謙譲表現を構成する、「お…する」のほうです。ですから、いま一つの「お…する」は、たまたま「お…する」となっていた用例で、表現形式としての「お…する」ではないのです。「お」でも、それに気づきますが、やはり、「する」のところで、その大きな違いに気づくと思います。それぞれの「…」の部分の動詞もまた、その違いを教えてくれましょう。

「駅前でお待ちします。」は、駅前に、先生なり会長なり、敬意を払おうとする客体となる人物が、そこに存在します。待つ行為をするのは、話者自身です。ここで客体を尊敬しようとする関係が見えてきましょう。それが見えてくるのは、「待つ」という動詞の性質からです。客体としての人物を必須とする動詞だからです。「お待ち」という名詞が存在しないことも手掛かりとなるのですが、それは、次の「お休みします。」と比較して感じとるところです。ここで、「お…する」という謙譲表現について既に学習している人は、そのA「し」について、謙譲表現を構成する「お…する」の「する」である、と答えることになります。

その「お…する」という謙譲表現は、近世末から登場してきますが、多くの用例を見せた用法ではありません。近年、文化庁が示した『敬語の指針』（文化審議会答申・平成十九年）は、謙譲語Ⅰの動詞の謙譲語Ⅰの補足イの1において、この「お（ご）…する」を取り上げています。「〈向かう先〉を立てる謙譲語Ⅰなので、〈向かう先〉の人物がある動詞に限って、これらの形を作ることができる。」として、「お届けする」「ご案内する」を挙げています。

ここで、次の「明日はお休みします。」について見てみましょう。その「お休みします」の「休む」は、〈向かう先〉の人物がいる、とはいえません。他者に関係ない自身の行為です。加えて、その「お休み」は、それで一語の名詞です。〈欠席〉の意の名詞「休み」に、「お」が冠せられたものです。この「お」は、少々抵抗がありますが、『敬語の指針』に従うと、美化語になるようです。とにかく、そこは、「お休み〔を〕します」であって、そのB「し」は、他動詞「する」ということになります。先行成分「お休み〔を〕」を受けているので、その「し（↓する）」の具体的な動作は、〈休む〉ということになりましょう。Aの「し」とBの「し」とは、違う用法のものでした。

最後の「お荷物をお持ちします。」を見ていきましょう。その「お持ちします」の「持つ」という動作は、先生なり先輩なりのための動作でしょう。とにかく、客体の人物の存在が感じとれます。「お持ち」という名詞は存在しません。以上の確認から、Cの「し」は、Aの「し」と同じであると判断されます。「お…する」という謙譲語Ⅰに該当する表現の「する」でした。

以上で、お尋ねには、一とおりお答えいたしましたが、「お休みします」の〈向かう先〉が勤務先であるような場合、その〈向かう先〉を立てていることにならないか、というようにも見えてきます。しかも、この「お休みします」は、「お休みいたします」と言われることもあります。「お…いたします」は、『敬語の指針』に従うと、謙譲語Ⅱになるようです。お尋ねの「明日お休みします。」は、サークルのお仲間への電話ということにさせていただきます。いや、そもそも、「休む」行為が立てなければならない〈向かう先〉として意識されない職場でありたいと思います。

Q60

「尽きせぬ思いを綴《つづ》る。」などという、ちょっと古めかしい表現に見る「尽きせぬ」を国語辞典が連語としていました。ただ、どういう構成の連語かについては書いてありませんでした。どう品詞分解したらよいでしょうか。

A60

「尽きせぬ」は、「尽きせぬ思い」とか「尽きせぬ涙」とか、そういう場合以外、見ない表現だと、しみじみ思います。〈尽きることのない〉という意の、連体修飾語としてしか用いられない連語だったと、お尋ねを受けて気づかされました。

いわゆる品詞分解をすると、「尽きせ」と「ぬ」とになります。「尽き」と「せ」と「ぬ」というように、三単語に分解した答案は、誤りです。もちろん、最終的にはそうなりますが、それでは、このように連語として定着してきている過程を無視したことになってしまいます。「尽きせ」と「ぬ」とした、その「尽きせ」が、この表現の注目しなければならないところです。

〈尽きることのない〉意を表すのですから、「尽きぬ」だけでいいはずです。ところが、その〈尽きる〉意の「尽く」というカ行上二段活用動詞の連用形「尽き」に、あえてサ変動詞「す」を付けて、「尽きす」にしたうえで、とりわけて打消表現として用いてきているのです。しかも、圧倒的に多くが、お尋ねの用例とも一致する、打消の助動詞「ず」の連体形「ぬ」を伴った用例でした。

この傾向は、ほぼ中古の初めから始まりました。上代にも、そのように、わざわざサ変動詞「す」を付けて用いる幾つかの動詞が存在しました。「漁《あさ》りす」「漁《いざ》りす」「潜《かづ》きす」などもありましたが、中古の和歌・和文に影響を与えたのは、「枯れす」「死にす」「絶えす」「忘れす」だったろうと思います。そして、『古今和歌集』に「…思ひ尽きせぬ世の中の憂さ」(⑱九三五)が現れました。続く、『後撰和歌集』

にも「…いとど涙ぞ尽きせざりける」（⑳一三九五）「…ふるさとに尽きせぬ物は涙なりけり」（⑳一四二二）が続きました。八代集といわれる勅撰和歌集等のすべてに、その用例が見られました。和歌が生み出した表現といってもいいのですが、和文一般にも広まり、『源氏物語』には、「離《か》れす」「消えす」「朽ちす」「尽きす」「旧《ふ》りす」が、この和語動詞連用形とのサ変複合動詞として採用されています。

それら和語動詞連用形とのサ変複合動詞は、「尽きす」だけでなく、多くが、同じく打消表現を構成するためでもあったようです。上代から続く「絶えす」は、『後撰和歌集』でも『拾遺和歌集』でも、打消表現「絶えせぬ…」という、まさに「尽きせぬ…」と同じ形で残っていました。新しく登場した「消えす」も、『後撰和歌集』でも『拾遺和歌集』でも、「消えせぬ…」という、打消表現でした。

それら「絶ゆ」「尽く」「消ゆ」は、どれを見ても、マイナーな方向に向けての動きを示す自動詞です。自動詞は、打ち消すにしても、消極的に過ぎます。そこにサ変動詞「す」を採用させたのは、打ち消す対象を、それと際立たせる以外、見えてこないのです。「…せぬ」で、打ち消したことを認識させようとしたと見る以外、理由が見えてこないのです。

『日本国語大辞典 第二版』には、古典語を含めて収録するところから、「消えす」「朽ちす」「絶えす」なども立項してくれてあります。もちろん、「尽きす」も立項されていて、子見出しとして、「尽きせず」も「尽きせぬ」も立項してくれてありました。ただ、その「尽きせぬ」の用例の最終用例は、浄瑠璃の『傾城反魂香《けいせいはんごんこう》』に見るものでした。辞典の性格上、これ以上を望むことはできません。そこで、ポケット版国語辞典の一部が、現代語としても使えますよ、ということで、立項していたのでしょうか。

Q61

「私の言わんとするところは、ご理解いただけましたでしょうか。」「君の言わんとするところは、よくわかる。」などの「…んとする」の「する」は、どのような人のどのような行為を担っていると読みとったらいいでしょうか。

A61

「…んとする」は、古典語時代の「…むとす」の連体形です。古典語の時代にも、中世以降には、「…んとす」と表記されましたので、古典語がほぼそのまま残っているということになります。古典語の「…むとす」は、大方、「…うとする」「…ようとする」へと移っているからです。

そういうわけで、「…んとする」は、「…うとする」「…ようとする」へ移行できなかった古い語形なのですが、一方で、その「…んとする」を用いるのは、主語が人間である場合にほぼ限られるようになってしまっていたのです。お示しの用例に倣《なら》って、「彼の言わんとするところは、理解できた。」ともいえますので、主語となる人物は、一人称でも二人称でも三人称でもよい、ということです。

もちろん、人間主語というのは、現代語「…んとする」の一つの傾向です。「折しも、山雨来《きた》らんとして、風が吹き始めた。」など、漢文訓読調の語句には、なお残っていることもありましょう。しかし、大方は、人間主語で、その「…んとする」の上の動詞も、「言わんとする」を始めとして「語らんとする」「述べんとする」など、精神的行為を表す動詞に限られるようになってきています。身体的動作動詞を用いたとしても、「行わんとする」「赴かんとする」ぐらいでしょう。

その「…んとする」の「ん」は、一人称主語でも二人称主語でも三人称主語でも、それぞれの行為主体の意志を表しています。その意志の助動詞「ん」は、既に文末表現であるのですが、その文末表現を引用の格助詞「と」で受けて、さらに「する」を付けて、ある動きを表していることになりましょう。「…

んとする」という複合辞と呼んだらいい連語が精神的行為を表していて、「する」についてだけ見たとき、それは、その精神的行為を推進するために、ひたすら〈努める〉姿勢を表しているものと見えてきます。「言わんとする」のような用例に限られることが顕著になってきているからでしょうか、「行わんとする」「赴かんとする」等の用例に接しても、その「する」が、近年は、〈努める〉姿勢も表しているように思えてきてしまっています。

「…んとする」の「する」は、どのような人のどのような行為を担っているか、というお尋ねでしたが、どのような行為にどうする意味を添えているか、というようにお尋ねいただきたかった、と、いま、思っております。「…んとする」は、主体の人物の意志に基づく精神的行為を表しており、「する」はそれに〈努める〉姿勢を表している、というようにお答えしたいと思っております。

「…むとす」の成立は、日本語そのものとして、つまり、和文として成立したとも、漢文訓読のなかで成立したともいわれていて、それほどに、長く採用されている文末表現です。推量の意の「む」も意志の意の「む」も、既に、文末表現で、それを格助詞「と」で受けて、さらに動詞「す」で、二重文末の表現が構成されたようにも思えてきます。その「…むとす」が現代という時代を迎えて、「…うとする」「…ようとする」へと移行した、その一方に、古典語時代の「む」の発音と表記を「ん」としただけで、そのまま残ってしまったのが、この「…んとする」です。念のためと思って、『日本国語大辞典 第二版』を開いてみましたが、立項は「んとす」で、「むとす」を見よという指示付きのカラ見出しでした。その「むとす」は、当然、古典語です。今回、『日本国語大辞典 第二版』にも立項されない現代語としての「んとする」について、お陰で確認することができました。

Q62

「真っ黒で大きな犬が、少女に襲いかかろうとした。」「黒雲が現れて、今にも雨が降ってこようとしていた。」などの「うとする」「ようとする」の「する」は、どのような動きを表しているのでしょうか。

A62

「…うとする」「…ようとする」は、古典語の「…むとす」の変化したものです。助動詞「む」は、すべての動詞に接続できていましたが、現代語の時代に入って、「む」が変化した「う」は、五段活用にしか付かなくなり、それ以外の上一段・下一段・カ変・サ変には「よう」という新しい形の助動詞が付くことになりました。

さて、古典語「…むとす」の「む」には、推量を意味する場合と、意志を意味する場合とがありました。それが、現代語の時代に入ると、「う」「よう」が推量を意味する用例は、大幅に減ってきています。「…だろう」が推量の表現として登場してきたからです。そこで、「う」「よう」は、一人称主語文の意志の意味を担う用例が、強く印象づけられます。しかし、お尋ねにお示しの用例は、そうではありません。まず、後用例は、はっきり推量といえます。その後用例は、主語が「雨（が）」ですので、その「よう」は推量です。雨に意志を感じてしまうとしたら、それは、一人称主語の用例に惹《ひ》かれた結果の印象だと思います。この描写は、書き手が、天候という無意志性のものの状況説明をしている、というように受けとめなければならないでしょう。戻って、前用例の主語は、「犬（が）」です。犬に意志はありますが、このように描写しているのは、その書き手であって、犬ではありません。書き手が、犬の意志を推量して描写している表現です。

そう見たとき、前者の「〔犬が〕襲いかかろうとした。」の「し（→する）」は、犬の口や前足が少女に危害を加える直前にあって、そこに迫る動きを担っているように見えてきました。後者の「(雨が)降ってこようとしていた。」の「し(↓する)」は、雨粒がまだ落ちてきてはいないのですが、落ちてくる直前で、その状況が接近している動きを担っている、と見えてきました。実際には目には見えていないのですが、見えるかにも感じられてきます。

そのような「…うとする」「…ようとする」の「する」は、どのような動きを表しているか、というお尋ねでしたが、前用例・後用例を併せて、その「する」について申し上げますと、動作・作用の主体が、「…うとする」「…ようとする」で示した動作・作用の直前にあって、まさにそこに迫っている動きを担っている、ということになりましょう。併せて、具体的な動きが見えるように感じさせるのが、その「する」です。お答えは、以上です。

実は、「…うとする」「…ようとする」の大方の「う」「よう」は、一人称主語の意志を表しています。「私は、花を摘もうとしていた。」の「う」は、一人称主語の意志と見てよく、その「し(↓する)」からは、手の動きが見えてくるようです。ただ、「君は、窓を開けようとしていたはずだ。」や「彼は庭に降りようとしていた。」の「よう」を、二人称主語や三人称主語の意志と見てしまうのは、一人称主語の意志の用例に惹かれての誤解でしょうが、そう感じてしまう人がけっこういます。それはともかく、その「し(↓する)」からは、手や足の動きが見えてくるように感じられます。

近年、複合辞として取り扱われる「…うとする」「…ようとする」ですが、お尋ねに応じて、それらの「する」に限って注目すると、「うとする」「ようとする」の上にある動詞の意味する動作・作用が直前に迫っている意を担っている、と見えてきました。ご異論もありましょう。

Q63

「進むにせよ、引き返すにせよ、隊長の判断を待つことになろう。」「いずれにせよ、私に責任がある。」などに見る「せよ」が動詞「する」の古いほうの命令形であることはわかるのですが、単なる命令ではないようです。どういう用法なのでしょうか。

A63

お尋ねの用例の二番めのほうが古い用法です。そして、さらに古い用法としては、「生きるにせよ、死ぬにせよ、俺《おれ》の知ったことではない。」などが挙げられます。微妙な違いでしょうが、こちらの「…にせよ、…にせよ」のほうが、〈勝手にしろ〉の意が感じられます。俺は、干渉も拘束もしないぞ、という姿勢が見えてきます。そのように対句仕立ての表現の一方で、「いずれにせよ、」でも、同じ気持ちが表せました。「Aにせよ、Bにせよ、」のA・Bどちらでもいい、ということから、「いずれにせよ、」となったのでしょう。それらに対して、冒頭にお示しの「進むにせよ、引き返すにせよ、隊長の判断を待つことになろう。」の「進むにせよ、引き返すにせよ、」は、「隊長の判断を待つことになろう。」という推量の表現に先立っての仮設の部分で、逆接仮定条件を表しています。〈進むとしても、引き返すとしても〉ということです。この一群の命令形はすべてそうも読めてきて、投げやりな気持ちの有無に違いが見えましょう。その違いはともかくとして、「する」という動詞の命令形ではありますが、これら用例は命令の意を表すものではありません。お尋ねには、このような命令形は挿入句としての放任の用法です、とお答えして、以下、その放任の表現について、ご紹介いたしましょう。

同じ放任の表現でも、中古・中世には、補助動詞「あり」を用いた「…にもあれ、…にもあれ、」がしばしば見られました。『落窪物語』に見る「落窪にもあれ、上がり窪にもあれ、忘れむと思はむをばいかがはせむ。」（巻二）などです。その「に」は、断定の助動詞「なり」の連用形で、〈…でもかまわない、…でもかまわない、〉と読めるところです。この表現にも、不定語を用いた変形まで現れて、『徒然草』に「いづくにもあれ、しばし旅立ちたるこそ、目覚むる心地すれ。」（十五段）が見られます。それらより古く、上代の『古事記』に、「刈菰《かりこも》の乱れば乱れさ寝しさ寝てば」（歌謡80）という、同一動詞の未然形に「ば」を付け、さらに命令形を重ねる表現がありました。それが、『平家物語』に現れる「今は西海の波の底に沈まば沈め、山野に屍《かばね》を曝《さら》さば曝せ、憂き世に思ひ置くこと候はず。」（巻七・忠度《ただのり》都落《みやこおち》）となっていました。放任の表現にも、このような歴史が見られます。

ところで、その「…にせよ、…にせよ、」という、「せよ」を用いた用例だけとお思いだったのではないでしょうか。古いほうの命令形にだけ見る表現だとお思いだったのではないでしょうか。動詞「する」の命令形には、「しろ」もあります。その「しろ」でも、「参加するにしろ、しないにしろ、早く意思表明してください。」など、同じように放任の表現として用いることができます。この「しろ」も、不定語と共起させ、「どうするにしろ、…。」などという逆接仮定条件表現として、広くいろいろな場面で採用しているように思います。

この放任の表現でも、「あり」も、「す」も、その表現を構成するうえで活躍していることに気づかされました。現代は、その「する」がもっぱら活躍していますが、時に用いる「何はともあれ、中止を命じた。」の「ともあれ」の「あれ」も、「あり」の放任表現の後身です。また、あの同一動詞を繰り返して「未然形＋ば＋命令形」とする表現形式も、演歌「王将」のなかで「吹けば飛ぶよな将棋《しょうぎ》の駒《こま》に賭《か》けた命を笑わば笑え。」と歌われていました。一九五七年のアメリカ映画「ケセラセラ que sera, sera」はスペイン語で、〈なるようになれ〉とも訳されました。その「なれ」という命令形も、放任の表現の一つだったようです。

Q64

「勝手にしろ。」の「しろ」が動詞「する」の命令形であることはわかっているのですが、ただ、単に命令しているのとは、ちょっと違うようです。「早く食事にしろ。」とか「直ちに中止にしろ。」とかの「しろ」とは、どのように違うのでしょうか。

A64

お尋ねになろうとするところ、よくわかりました。しかし、その、二場面での「しろ」の違いは、動詞「する」にとってだけのものではなく、他の動詞を含めての命令形に共通して見られるところです。「勝手にしろ。」の「しろ」が、単なる命令形と違うな、と思うだけで、まず十分だと思います。そもそも、われわれは、命令形の命令という呼び方に縛られているのだ、と思います。

いま、活用語の活用は、六活用形になっていますが、そこに落ち着くまでには、いろいろな文法書にいろいろな活用形の提案がなされてきました。そこでは、活用形を幾つ設けるかだけでなく、名称も関わっていました。命令形は、多くが希求言《けくげん》と呼んでいました。その希求言のほうが、幾らか穏やかな感じがしましょうか。とにかく、その活用形名は、便宜的なものなのです。命令形も、命令の意だけではないのです。命令形にどのような用法があるかを、少し詳しく述べてあったのは、湯沢幸吉郎『文語文法詳説』(右文書院・昭三十四年)でした。命令形の用法を、命令・願望、自己の希望、そして、許容・放任としていました。

では、「勝手にしろ。」から観察していきます。「勝手にしろ。」と言われた側に立って考えますと、「勝手に」では、具体的な行為の方向性が見えてきませんから、その命令に従おうとしても、どうしたらよいか、わかりません。これは、命令ではないでしょう。自己の希望でもないでしょう。許容というような優しい姿勢ではありません。この発言者は、その相手に、これ以上関わりたくないのでしょう。もう干渉も束縛もしないという、放任の表明です。既習63の放任表現に比して、言い切りの放任表現です。それに対して、「早く食事にしろ。」や「直ちに中止にしろ。」の「しろ」は、行為の方向性が明確な命令です。「食事に」や「中止に」の「に」は、目標をも帰着点をも示しています。「勝手に」は、「勝手だ」という形容動詞の連用形で、「に」は、その活用語尾です。格助詞などではありません。

「好きにしろ。」と言っても同じでしょう。「好きだ」の連用形「好きに」に、動詞「する」の命令形を付けて、でも、命令しているのではなく、〈好きに行動してかまわない〉と言っていることになります。それだけでなく、〈干渉も束縛もしないのだから、責任ももたないぞ〉と言っていることになります。「好きに」の「に」も、「好きだ」という形容動詞の連用形「好きに」の活用語尾です。その「好きだ」は、〈好き勝手だ〉とか〈気ままだ〉とかいう意味です。そこで、「気ままだ」を用いて、「気ままにしろ。」と言っても、その「しろ」の意味するところは「勝手にしろ。」「好きにしろ。」の「しろ」と同じでしょう。

このような命令形は、「する」をいう動詞だけに見られるものではない、と申し上げました。「どこへなりと好きな所へ行け。」「何でもいいから好きなことを書け。」などの「行け」「書け」という命令形も、お尋ねの「勝手にしろ。」の「しろ」に近い命令形といえましょうが、その「しろ」ほどに激しい感じではないでしょう。時には、「何でも、好きな物を食っていろ。」と言ったりもしましょう。この場合は、補助動詞「(て)いる」を命令形にして、許容の発言をしていることになりましょう。優しい先輩の声でもありそうです。「する」の命令形「しろ」は、ちょっと強く感じるでしょう。

命令形を用いた許容・放任のなかにも、微妙で多様な違いが感じとれます。その構文、また周辺の語彙などによっても、許容・放任の命令形にも、このような違いが感じられたのです。このようなことは、すべての表現についていえることで、今回、その小さな機会に出会えたのでした。

Q65

「何しろ大変な騒ぎだった。」などという文のなかに見る「何しろ」は、一般に副詞とされているようですが、その「しろ」は、動詞「する」のように感じます。実際、どうなのでしょうか。「何せ」「どうせ」の「せ」もそう感じますが、どうなのでしょうか。

A65

そうです。「何しろ」の「しろ」は、動詞「する」の命令形でした。もちろん、現在は「何しろ」で一単語化して、他のことはともかく、このことだけはというように説明するに先立って、前置きとして用いる副詞となっています。

『日本国語大辞典 第二版』の初出用例は、三遊亭円朝が語った『塩原多助一代記』(一八八五年)ですから、こういう語句は、文字に残しにくいのであろうと、そう思わせられます。ただ、その用例「何しろ一杯つけな。」は、現代語「何しろ」とちょっと違うように思えてきます。〈何でもいいから〉ぐらいに言い換えたらいい用例で、本来の放任表現が直ちに浮かんできます。その原形は、「何にしろ」です。ですから、『日本国語大辞典 第二版』にいう(代名詞「なに」に動詞「する」の命令形「しろ」がついてできたもの)だけでは不十分です。「何にしろ」という「に」がなければ、放任表現は成立しません。「に」が落ちていると見なければなりません。

第二用例の二葉亭四迷の小説の用例も、「しかし何しろ気の毒だ。」(浮雲)で、やはり現代語とは違うようです。現代語の「何しろ」は、続く記述に驚きがなければ、用いられなくなってきているからです。お尋ねでお示しの用例は、まさに、そうだといえましょう。「何しろ忙しくて…。」とか「何しろ厳しくて…。」とか、殊に最近は、シク活用形容詞が続くことが多いように感じています。

とにかく、ご推測のとおりでして、その「しろ」は、動詞「する」の命令形で、本来の「何にしろ」

が「何しろ」となって定着します。芥川龍之介の小説に残っている「何しろ」は、続く表現に驚きが感じられます。「何しろその頃洛陽《らくよう》といえば天下に並ぶもののない繁昌を極めた都ですから、…。」（杜子春）とありました。もう、現代の用法となっています。

「何せ」の「せ」も、「せよ」の転じた「せい」の「い」が消えたものです。ここでも、「何」の下に「に」が必須でしたが、消えました。太宰治の作品には、「何せ、どうも、あれは、変わった坊主ですからね。」という、父の会話文にも、「何せ学校のすぐ近くなので、朝礼の鐘の鳴るのを聞いてから、走って登校するというような、かなり怠惰な中学生でしたが、…。」（ともに、人間失格）という、主人公が語る地の文相当のところにも現れます。現代語の印象としては、「何せしがない職人でして、…。」のように、庶民口調という感じがしてきます。

その「何せ」については、それに先行する語形が残っています。木下尚江の長編小説に「何せよ、白井の事件が最早《もはや》余程不良《わる》かったらしいからね。」（良人の自白〈一九〇六〉）とありました。現在、「何せ」の前身が「何せよ」であり、さらに遡《さかのぼ》ると、「何にせよ」であると、気づく方は、もう多くはないでしょう。

「どうせ」の「せ」も、お気づきのとおり、動詞「する」の命令形「せよ」が変化省略されたものです。ただ、「どうせ」は、「何しろ」「何せ」とは、成立を異にするのではないか、と思っています。不定語の放任表現は、古典語時代、「いづれにせよ」だったからです。「どうせ」は、「どうせよというのか。」という詰問の表現の「どうせよ」から来たものでしょう。副詞「どう」に動詞「する」の命令形が付いた「どうせよ」が、現在は、諦《あきら》め・自嘲《じちょう》・軽視などの気持ちを表す副詞となっていたのです。

Q66

「どうしろと言うのか。」「何をしろと言うのか。」などという反駁《はんばく》の表現に見る「どう」という副詞や「何を」という語句は、「しろ（↓する）」という動詞にだけかかっていっていると思えないのですが、どのように理解したらよいのでしょうか。

A66

おっしゃるとおり、「どう」や「何を」が「しろ」だけにかかるとすると、そう言われた側は、どうしたらよいか、理解できないでしょう。「勉強をしろ。」とか「スポーツをしろ。」とかいうように、先行成分「勉強を」とか「スポーツを」とかが特定されることで、「しろ」に具体的な意味が生じるのです。ですから、「どう」や「何を」は、「しろ」だけにかかっていくのではない、と理解しなければならないことになります。

「どう」という不定語や「何を」という不定の対象を示す語句には、「しろと言うのか」という疑問の表現が応じていて、その一文として、詰問の表現となっている、と読みとりたいと思います。その詰問文は、その相手に対して、反駁の姿勢を示していることになります。

実は、この表現は、動詞「する」についてだけでなく、不定語とそれに応じているかに見える動詞の命令形に、広く見られるところです。「何を食えと言うのか。」は、「何を」が「食えと言うのか」にかかっている、ということです。「どこへ行けと言うのか」は、「どこへ」が「行けと言うのか。」にかかっている、ということです。

さらに、この表現は、日本語の表現として長く用いられてきていたのです。「われを、いかにせよとて捨てては昇り給ふぞ。」（竹取物語・かぐや姫の昇天）は、月の世界に帰ろうとするかぐや姫に向けて言う翁の会話文です。不定語「いかに」が「せよ」にかかっているように見えます。しかし、それでは、〈どうしろ〉ということになってしまいます。「いかに」は、「せよとて捨てては昇り給ふぞ」にまでかかっていっている、と見なければならないでしょう。「いかに〳〵せよとて捨てては昇り給ふぞ。」というように見たいと思います。〈どうしろということで、私を捨てて昇天なさるのか。〉というのです。

この表現は、殊に、中古和文の会話文に多く見られます。「まろをば、いかに〳〵せよとてこの君をばまかでさせ奉り給へるぞ。」（宇津保物語・国譲下）や「…、いかに〳〵せよとてうち棄てさせ給ひけむ、と恨めしく、…。」（源氏物語・早蕨《さわらび》）などです。しかも、「いかに」に、もっぱら「せよと…」を結びつけて、「いかにせよと…」を印象づけています。

その「どうしろと言うのか。」は、「どうせよと言うのか。」ともいわれたでしょう。その「どうせよ」の部分が、放任表現の「何にせよ」の「何せ」に惹《ひ》かれてか、「どうせよ」から「どうせ」になったのではないか、と感じています。「どうせよと言うのか。」から〈どうしようもない〉意へと転じて、その「どうせ」は、ある状態が動かしがたく、止むなく容認する場面で用いられたのではないか、と思いたいと思っています。二葉亭四迷の「どうせ遅れた位なら、急ぐべき要がないではないか。」（当世書生気質）などの用例が、それです。そして、間もなく、諦《あきら》め・自嘲《じちょう》・軽蔑などの前置き表現となっていきます。捨て鉢な台詞《せりふ》として、直ちに浮かんできます。小杉天外の『はやり唄』に、「孰《どう》せろくな者には成れますまい」とありました。野口雨情の『船頭小唄』に、「どうせ二人はこの世では花の咲かない枯れすすき」とありました。野村俊夫という作詞家は、題に『どうせ拾った恋だもの』としてしまって、「捨てちゃえ捨てちゃえ」と歌わせました。〈どうしようもないことに〉と思っていましたら、いつか、〈いっそのこと〉というような意味合いになっていましたでしょうか。

Q67

「すると、」という接続詞があります。その「する」は、動詞「する」でしょうか。その「する」は、どのような意味を担っていると見たらよいのでしょうか。また、「どうかすると、」「もしかすると、」などの「すると」は、接続詞「すると、」と関係があるのでしょうか。

A67

大まかな認識でいうと、「そうすると、」などが、「すると、」という接続詞となった、と見てよいでしょう。近世に見る「さうすると、」という接続詞は、明治に入ってからも、そして、現代においても、「そうすると、」という接続詞として残っています。その場合の「する」の先行成分は「そう」という指示語ということになって、「する」は、「そう」の指示内容としての前文なり、前々文から前文までなり、また、前段落なりを受けていることになります。したがって、「すると、」の「する」も、その文の先行表現や、前文なり、前々文から前文までなり、時には、前段落の内容なりを担うことになる、といっていいでしょう。

常識的な中学校や高等学校の国語科教科書の言語事項での取り扱いを見たとき、「すると、」は、順接のうちの単純接続と条件接続とを担うとされましょう。ただ、その別を読み分けることは、けっこう大変です。いっそう詳細に分類を試みる研究もあるかもしれませんが、大方は、前の事柄と後の事柄とに必然的な繋《つな》がりのない接続が多いように感じています。『日本国語大辞典 第二版』の、そのブランチの第二用例に三遊亭円朝の語る「其中に八つの鐘がボーンと鳴響く。此鐘は目白の鐘だから少々早めです。すると、さらりさらりと障子を明け、抜足をして廊下を忍び来る者は」(怪談牡丹燈籠)が引かれています。このような、事態の進行を促す接続詞は、このような話芸のなかで成立したように思えてきます。

さて、そのように「すると」を用いた接続詞に、お取り上げのものを含めて、「どうかすると、」「ともするど、」「ひょっとすると、」「もしかすると、」「ややともすると、」「ややもすると、」があります。お尋ねにおっしゃる「接続詞「すると、」と関係がある」かという意味が、どういうことか、理解できないのですが、接続詞化している「すると、」とは切り離して受けとめるようにしたいと思います。

「どうかすると、」と「もしかすると、」は、副詞化した「どうか」「もしか」に「する」と「と」が付いて、ほぼ近世に成立しました。「ともすると、」は、副詞「と」が係助詞「も」を介して「する」と「と」を付けて成立しました。ただ、この表現には、古典語として歴史のある「ともすれば、」が背景にあって、近世に変身した、といったほうがいいでしょう。「ややもすると、」も、「ややもすれば、」が背景にありました。副詞「やや」が係助詞「も」を介している点でも、「ともすると、」と同じように、近世に変身しました。「ややともすると、」は、「ややもすれば、」が中世に「ややともすれば、」ともいわれ、それが近世以降「ややともすると、」となったのですが、近年は、見られなくなりました。「ひょっとすると、」は、副詞「ひょっと」に「する」と「と」が付いたもので、中世末の、狂言などから、その用例を見ます。いずれも、それぞれとして成立していて、既成の「すると」が付いたものではありません。

ここで、「…すれば」から「…すると」への推移が辿《たど》れたと思います。実は、接続詞「すると、」も、この大きな流れのなかにあったのです。「すると、」は、その代表ともいえるのです。「すると、」の前身は、「そうすると、」というか、いや、「さうすると、」でした。その「さうすると、」の前身は、「さうすれば、」でした。では、どうして「すれば」から「すると」へと変身したのでしょうか。古典語のある時期までは、「すれば」の「すれ」は已然形で、確定条件を表していました。しかし、それが、いつか仮定の表現となってしまっていたのです。止むなく、接続助詞「と」の力を借りて、接続助詞「ば」とお別れしたのです。以上が、「すると、」の成立史です。

Q68

「心配こそすれ、君を忘れたことはない。」の「すれ」は、仮定形なのでしょうか、已然形なのでしょうか。已然形と思いながら、現代語なので、どう見たらよいか、悩んでいます。また、「すれ」の下には、どんな語を補って読むことになるのでしょうか。

A68

どこからお答えしたらよいでしょうか。まず、その「すれ」は、上にある係助詞「こそ」の結びとなっていますので、已然形です。もちろん、現代の表現ですので、一般的な現代文としての表現のところには已然形といえる活用形が現れるはずはないのですが、この部分、「心配こそすれ、」の部分だけは、古典語としての表現が挟み込まれていて、ここだけは、古典語のきまりが適用されることになっているのです。ですから、この部分についてだけは、古典語文法のきまりが当《あ》て嵌《は》まることになるわけです。係助詞「こそ」は現代語としても残っていますが、結びを要求することはありません。でも、この「こそ」は、古典語文法のきまりに従って、結びを要求して、「すれ」が結びとなって現れています。いま一度繰り返して、この「すれ」は已然形だ、と申し上げておきます。

古典語の時代、係助詞「こそ」が用いられて、その結びとして結びの已然形が現れても、そこで言い切られることなく、以下に表現が続いている用法の係り結びがありました。逆接の挿入句といわれるもので、その結びの活用語の下には、「ど」や「ども」を補って読んでいく慣行となっています。そこで、この場合、「心配こそすれ〔ど〕、」として、読むのが一般であろうと見えてきます。ここで、「心配こそ」と「すれ」との関係を見ておきます。「心配こそ」と「すれ」とは、「心配こそ」がヲ格の先行成分と見えてきて、〈心配をこそ〉と読みとれ、「すれ」は、〈するけれども〉と読みとれてきましょう。通して、〈心配をこそするけれども、〉となります。これで、いちおう読めたことになりますが、後半の「君を忘れたことはない。」から見て、その逆接確定表現は、逆接仮定条件であったほうが、現代の論理としてはふさわしいものと見えてきます。つまり、古典語の直訳としては逆接確定条件と解されるが、現代文としては、逆接仮定条件にして、〈心配をすることはあっても、〉ぐらいに理解したいところと見えてきます、以上で、この部分の通釈をしたことになります。

さて、この、現代文のなかに現れる逆接の挿入句「…こそすれ、」は、本来、「思ひこそすれ、」とか「嘆きこそすれ、」とかいうように、「こそ」の上は動詞連用形で、「すれ」は補助動詞でした。〈思いはするけれども、〉〈嘆きはするけれども、〉と読むところでした。ですから、「喜びこそすれ、怒ったりすることはない。」などでしたら、古典語の用法をそのまま借りた逆接の挿入句ということで理解できたと思いますが、その「こそすれ」だけを生かして、現代文のなかに用いたのが、お尋ねにお示しの用例文でしょう。そのように、その「すれ」をヲ格を受ける他動詞として用いた用例文は、現代文のなかで頻《しき》りに採用されていくようになりました。「君の意見は、重視こそすれ、無視したことはない。」などです。「君に協力こそすれ、妨害などするつもりはない。」も、そうです。

現代文のなかに残る逆接の挿入句は、右に見てきたように「…こそすれ、」が圧倒的に多いのですが、他に、次のようなものが見られます。不揃いの林檎《りんご》を指して、「形に違いこそあれ、味は同じだ。」と言ったりするのは、「…こそあれ、」をベースにした物言いです。「邪魔にこそなれ、役には立たない。」とも言ったりしますが、これは、「…にこそなれ、」をベースにしているものといえましょう。それにしても、「…こそすれ、」が多いことは、いうまでもありません。

Q69

「笑われこそすれ、褒められたことはない。」という表現も、「…こそすれ、」という逆接挿入句だと思いますが、「笑われ」には受身の助動詞が付いています。この表現を認めてよいのでしょうか。他にも、このような表現があるのでしょうか。

A69

この問題は、既習56とも既習58とも重なるところがありますが、それほどに、こういう表現をしてよいのかどうなのか、気になる方が多いのだ、ということだと思います。「笑いこそすれ、泣くことではなかった。」「笑いこそすれ、怒る人などいなかった。」などでしたら、それらの「すれ」が、「笑い」という動詞の活用の機能を代行している補助動詞で、その下に逆接の接続助詞を想定するあたりまでが見えてくるのでしょうが、「笑われ」という、その受身の助動詞が気になって、結びついていかない、ということなのでしょうか。とにかく、「笑われ」の「れ」は、学校文法では確かに助動詞ですから、二単語を一単語の「すれ」に代行させてよいのか、というお悩みなのだ、と思います。

そういう不安をお感じになるのは、それだけ、「れる」「られる」や「せる」「させる」など、受身・使役の助動詞が意識できるようになったからだと思います。そうでなかったら、こういうお尋ねが生まれてはこなかったろうと思うのです。質問というものは、何かがなにがしか理解できた段階で生まれてくるものだ、と思っています。さて、その受身・使役の助動詞ですが、他の助動詞とは違って、動詞に付いて一単語の一部になってしまう接尾語とでもいったらいいものだったのです。既習56・既習58でのお答えを、ここにも当《あ》て嵌《は》めてください。時枝文法の考え方です。

それにしても、このような発言の場面は、あまり多くはないでしょう。やや言い訳めきますが、「褒められこそすれ、叱られたことはない。」などが挙げられましょう。ある意味では、お尋ねにお示しの用例の、反対の立場での発言ということになりましょうか。その、また、裏側からということになりますが、「叱責されこそすれ、評価されたことはない。」などともなりましょう。

使役の助動詞を付けていう場合もありますが、受身以上に、場面は限られます。出世争いをしている同期入社の二人が、職場を話題に飲んでいたとします。あまり働きのよくない、他の同僚にどう振る舞っているかを「あいつには、鞄《カバン》を持たせこそすれ、持たせられたことはない。」などと言っている瞬間が見えてきました。極めて希な表現でしょうが、とにかく表現として成立することは確かです。

「…こそすれ、」逆接挿入句は、古典語の表現が現代文のなかに残ったものです。ただ、古典語の時代、この「…こそすれ、」の用例は「…岩清水《いはしみず》いはで心に思ひこそすれ」（古今和歌集⑪五三七）など、そこで言い切られるもので、挿入句ではありません。むしろ、「…こそあれ、」に、その挿入句用例を多く見たように思います。「中垣こそあれ、一つ家のやうなれば、望みて預かれるなり。」（土佐日記・二月十六日）は、その代表的な用例で、その「中垣」は隣家との間につくったもので、〈中垣はあるけれども、〉と読んでいくところです。隣家で望んでわが家の管理を引き受けてくれたのに、手入れが不十分であることに不満を述べているところです。そこで、現在、現代文に残っている「…こそすれ、」については、近代の評論文などのなかで用いられたものが、一般の表現にも採用されて、もっぱら、その「…こそすれ、」によって、その部分を強調して、以下に逆接で展開していく表現として残っているものと思います。そうではあっても、古典語文法で学習した事柄を現代文のなかで、そのまま適用して説明できるという点で、ちょっとした話題としてもよろしいかと思います。

Q70

「一仕事しあげた。」などという「しあげる」という動詞があります。その「し」を、「仕上げる」というように、「仕」という漢字で書くのはどうしてですか。このように、動詞「する」の連用形「し」が上に来る複合動詞は、他にもあるのでしょうか。

A70

そうですね、「し」が上に来る複合動詞については、サ変動詞「する」の連用形「し」を前項とする複合動詞という認識をもつことが、まず必要なことだと思います。その認識があるから、「仕上げる」はどうもおかしい、とお気づきになったのだ、と思います。その「仕上げる」の「仕」が音読みすることになるところからも、「し」が和語ではないかのように押しつけられることになりますので、どういう語構成かもわかりにくくさせているわけです。言語政策として、この表記は許さない姿勢があってほしいと、長く思っています。「仕事」の「仕」も、実は、そうです。お気づきでしたでしょうか。

そのように、サ変動詞「す」の連用形「し」が前項となる複合動詞は、『万葉集』の昔からありました。「道の中《なか》国つ御神《みかみ》は旅行きもし知らぬ君を恵みたまはな」⑰三九三〇の「し知る」です。この「し知る」がサ変動詞「す」の連用形「し」を前項とする複合動詞の初出用例です。「為《し》知《し》る」と表記すると、その「し」を確かに受けとめた気持ちになろうと思います。〈し馴《な》れる〉、いや〈為馴れる〉ということで、現代人には、〈経験する〉といったほうがよいかもしれません。次の時代の『古今和歌集』を見ましたが、そこには、該当用例が見つかりませんでした。中古の和文に限って、小学館『古語大辞典』を覗《のぞ》いてみましたら、「しあふ〔為敢ふ〕」（源氏・明石）／「しありく〔為歩く〕」（伊勢・六五）／「しいだす〔為出だす〕」（宇津保・初穂）／「しいづ〔為出づ〕」（宇津保・梅の花笠）／「しかく〔為掛く〕」（枕草子・

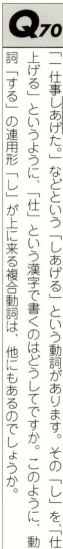

一四三）／「しかふ〔為替ふ〕」（宇津保・蔵開・中）／「しくはふ〔為加ふ〕」（源氏・東屋）／「しこむ〔為籠む〕」（竹取・蓬莱《ほうらい》の玉の枝）／「しさす〔為止す〕」（枕草子・二五）／「しすう〔為据う〕」（源氏・若紫）／「しそす〔為殺す〕」（栄花・御袴着）／「しそむ〔為初む〕」（源氏・手習）／「したつ〔為立つ〕」（枕草子・九〇）／「しつく〔為付く〕」（宇津保・初秋）／「しなす〔為成す〕」（蜻蛉・上・康保元年）／「しならふ〔為習ふ〕」（源氏・浮舟）／「しやる〔為遣る〕」（源氏・浮舟）などを拾い集めることができました。意外なほど多いのに驚かれたと思います。

現代語としては、減ってきてはいますが、それでも、新しく登場してもきていて、けっこう見られます。その大部分の「し」が「仕」で書かれています。お尋ねにお示しの「仕上げる」の自動詞「仕上がる」を始めとして、「仕納める」「仕返す」「仕掛かる」「仕掛ける」「仕切る」「仕組む」「仕込む」「仕過ごす」「仕立てる」「仕付ける」「仕舞う」など、今も「仕」を当てているでしょう。近年、「為」に移っているものとして、「為済ます」「為損う」「為損じる」「為損ずる」「為遂げる」「為馴れる」「為残す」が挙げられますが、ある時期までは、「仕」を当てていたと思います。「仕舞う」は、「終る」「了う」に移っていましょうか。そうでした。「支払う」、これも、「し」はサ変「する」の連用形なのですが、これからも変わりそうにはないでしょう。

さて、その「仕」字、中世末から見られます。お尋ねの用例「仕上げる」についていうと、文明本『節用集《せっちょうしゅう》』といわれる辞書が、その「仕」の字を当てている最も古い確かな資料ということになります。大まかにいうと、室町の文献です。「仕」の訓は、〈つかえる〉です。「する」「行う」の謙譲語です。どうしてこの漢字を当てたかの研究があるかどうかわかりませんが、する行為については、どなたかのためにという気持ちがあって、この漢字が結びついてしまったのではないか、と思っています。

Q71

「いかんせん」「なんすれぞ」は、現代語としては副詞として扱われたりしていますが、いずれも漢文訓読の連語です。これらに見るように、不定語「いかに」「なに」が動詞「す」に結びつく傾向が顕著なのは、どうしてですか。何のための「す」でしょうか。

A71

このお尋ねに、特定したお答えを提示することは、躊躇されます。ただ、不定語と動詞「す」とが同一表現に関連しあって現れる傾向が顕著であることは、十分に認められます。既習23を参照してください。さて、殊に不定語「いかに」については、疑問文や反語文を構成するためには、文末を推量の助動詞「む」の連体形で結ぶことが要求され、その「む」に繋《つな》げる動詞が必要となって、そこに「す」が採用されたのであろう、と思います。

「いかんせん」は、「いかにせん」の「に」が撥音化したもので、「如何」「奈何」「何如」の訓読語として定着しています。その「如何」の二文字の間にヲ格対象となる語や語句を挟み込んだ場合は、「す」を用いて、「いかん」に「せん」を添えて訓《よ》むことは理解できます。ヲ格の対象語があるからです。『論語』の「人ニシテ面不仁ナラバ如レ礼ヲ何セン。」（八佾《はちいつ》）の「礼を如何《いかん》せん」です。しかし、単に「如何」とか「何如」とかあるだけのところも、多くが「せん」を添えて訓読しているのです。白居易《はっきょい》が微之《びし》に呼びかけて言う「微之ヨ、微之ヨ、如何セン、如何セン。」（与二微之一書）の「如何せん」も、「す」を採用して、「せん」を添えています。『孟子《まうし》』の「以ツテ二五十歩ヲ一笑ハバ二百歩ヲ一、則チ何如セン。」（梁恵王《りょうのけいおう》・上）も、そうです。これら「如何」や「何如」は、「いかん」と訓むだけでもよいとされてはいますが、「せん」を添えて訓まれてもいます。漢文本文には、「す」に当たる漢字がないのに、そう訓まれてきています。

「なんすれぞ」については、漢文そのものに「為」字があります。「なんすれぞ」は、「なにすれぞ」で、

「なにすれ」の下には、後世だったら、接続助詞「ば」があるところです。上代の表現で、已然形だけで確定条件表現となったのです。それを訓読に採用したのです。その下に係助詞「ぞ」が付いて、文末は、連体形で結ばれます。例えば、『孟子』の「予《われ》何為レゾ不レラン受ケ。」（公孫丑《こうそんちゅう》・下）の「何為《なんす》れぞ」です。この表現では、已然形で確定条件表現を構成するための活用語として「す」が採用された、と見てよいでしょう。「何為れぞ（…ん）」で、〈どうして（…か）〉と解されます。その現代語「どうして」も、「どう」という不定語に「し↓（する）」が関連して用いられています。そういう用いられ方を、近年は、共起すると呼んでいます。そういえば、漢文本文においても、「何」と「為」とが共起しています。言語には、そういう傾向があるのでしょうか。現代語でも、「どう」と「する」も「何」と「する」も、共起性を見せます。古典語においては、いっそうその傾向が鮮明です。『万葉集』には、「いかにせむ」が（④四九二）（④五八六）（④六三三）（⑮三七一二）に見られます。「何せむ」も、（④五六〇）（⑪二五一九）（⑪二五九二）（⑪二八二五）に現れます。「なんすれぞ」の前身「なにすれぞ」も、（⑳四三二三）にありました。まだまだ、多様な用例を数多く見ることができます。『竹取物語』には、「…、いかがはせむ。」「いかがしけむ。」（ともに、龍の首の玉）「いかがすべき。」（燕《つばくらめ》の子安貝《こやすがい》）などが見られます。「なに」と共起する「す」もありました。

この、不定語に動詞「す」「する」が顕著に共起する傾向については、十分に確認できたと思います。その理由についても、既に述べてきましたように、不定語が文を構成するに際して、活用語が必要となって、概念の希薄な「す」「する」が採用されたからでしょう。「あり」「ある」が、それに次ぐと見ていいでしょう。「いかにせむ」と「いかにあらむ（↓いかならむ）」とで、ご理解いただけましょう。疑問・反語文末は、大方が助動詞「む」です。そこには、どうしても、「せ」や「あら」が必要だったのです。

Q72

漢文の再読文字「須」の訓「すべからく」の「す」は、どういうことをするのか、その点が気になってなりません。また、漢文では再読して「べし」を文末としますが、時に、「すべからく…せよ。」と言う人がいます。どうしてなのでしょうか。

A72

「須」という漢字は、呉音が「ス」、漢音が「シュ」です。一般に仏教に関する語は呉音読みするのですが、仏教でいう高い山をいう「須弥山《シュミセン》」、仏像を安置する台座をいう「須弥壇《しゅみだん》」、みな、漢音のシュで読まれます。〈ほんの少しの間〉をいう「須臾《しゅゆ》」の他は、呉音で読まれる「必須《ひっす》」ぐらいしか存在しないのが、この「須」です。姓として、須藤《すどう》さんがいらっしゃいます。いま、「須」字の訓「すべからく」とおっしゃいましたが、一般には、この読み、訓には位置づけません。訓は、「まつ」と「もちいる」です。漢文の訓読として、「すべからく…べし」と再読する文字、ということになっています。

その「すべからく」は、動詞「す」の終止形に推量の助動詞「べし」の未然形「べから」に名詞化する接尾語「く」が付いて、全体として副詞に相当するような連語となったものです。再読文字として、一旦「すべからく」と訓んだうえで、文末を「…べし」で結ぶところから、陳述副詞に位置づけられます。多くの訓読語が平安時代の初めごろまでに一定の用例数を見せるのですが、この「すべからく」は、用例が限られます。成立が遅い、ということです。そして、同じ推量の助動詞でも、「む」で結ばれるもの、また、命令形で結ばれるものもありました。

「すべからく」は、〈しなければならないことは〉〈して当然のことは〉ぐらいの意味です。そういっておいて、「べし」で、〈そうしなければならない〉とか〈そうするようにしよう〉とかいうように応じることになります。その「べし」は、本来、多義の助動詞です。文末が多様であるのと併せて、「べし」の受けとめ方も多様だったと見てよいでしょう。

そこで、お尋ねの一つ、「すべからく」の「す」の指す内容についてですが、その「す」が何をするのか特定されていなくて、気になるのは、当然のことです。気になったということは、すばらしいことです。山田孝雄という文法学者が、動詞「す」は賓語を必須とする、というようなことをいっていました。賓語とは、「す」に先立って述べられる先行成分で、その先行成分なしでは、「す」には意味がないことになるので、そこで、形式用言とするのです。そこで、あえていえば、文末「べし」の上の動詞が、「すべからく」の「す」であると見るのがよいでしょう。賈至《かし》の詩にいう「今日送ルレ君ヲ。須ラクシレ尽クスレ酔ヒヲ。」（送ル三李侍郎《りじらう》ノ赴クヲ二常州ニ一。）でいうと、〈尽くすべからく〉と解することでよいことになりましょう。いま一用例、佐藤一斎の教えでいうと、「人為スニハレ学ヲ須ラクシレ要スニ及ンデレ時ニ立テテレ志ヲ勉励スルコトヲ一。」（言志録）の「須らく」は、〈要すべからく〉ということになります。

いま一つのお尋ね、「すべからく…せよ」とおっしゃる方、ご年配の方でしょうか。さきほど、平安時代の「すべからく」の結びが多様であること、申し上げました。その方は、「べし」を命令の意とする意識が強いのだと思います。そこで、動詞の代表として「す」を採用し、その命令形の「せよ」で結んだのでしょう。あってよい表現です。あいにく、文字化された用例に、その「せよ」は見つかりませんでしたが、義務を表す「なければならない」を用いた用例を発見しました。獅子文六の小説のなかに「人間すべからく求心的でなければならない。」（てんやわんや）とありました。

Q73

漢文の「以二ッテス□一ヲ。」という文構造のところに現れる「以ってす」の「す」ですが、その「す」の意味は、どこを手掛かりに理解されるのでしょうか。「以って」は前置詞とされますが、「以ってす」は、どういう動詞ということになりますか。

A73

『論語』に「道レクニ之ヲ以レテス徳ヲ。」（為政）の「以ってす」が、お尋ねの「以ってす」です。孔子が法律や命令だけの政治では、よく治まらないとして語った、人民の導き方です。「之」は、人民です。人民を導くのに徳によって「する」、といっていることになります。上にある動詞「道」、「みちびく」と訓むこの動詞を、その「する」に代入すればよいわけです。つまり、この場合は、〈…によって導く〉ということになります。そういうわけで、「以二ッテス□一ヲ」の上にある動詞を、その「以ってす」の「す」に当《あ》て嵌《は》めればよい、ということになります。

この「以ってす」に、文法学習のうえでの呼び方があるわけではありません。ただ、「以って」が前置詞であるところから、前置詞性動詞と呼んでいます。ただ、該当するのは、この「以ってす」だけです。という書物で、前置詞性動詞と呼んでいます。

この「以ってす」を、二度繰り返している文章がありました。李白は、「況ンヤ陽春召レスニ我ヲ以二ッテシ煙景一ヲ、大塊仮レスニ我ニ以二ッテスルヲヤ文章一ヲ。」（春夜宴二スルノ桃李ノ園一ニ序）です。「況《いは》んや陽春《やうしゅん》我を召すに遠景を以ってし、大塊《たいくわい》我に仮すに文章を以ってするをや、」と訓み下します。その「遠景を以ってし、」は〈遠くの景色によって招いてくれ〉ということです。「文章を以ってするをや」は、〈文章によって貸し与えてくれているではないか〉ということです。その文末の「をや」は、冒頭の「況んや」に応じているもので、〈まして、…ではないか〉という強調の表現です。「をや」は、間接助詞「を」に、さらに間接助詞「や」

が付いた、詠嘆の連語助詞です。以上で、「以ってす」そのものについての説明は、よろしいでしょう。

そこで、ここで、この「以ってす」を、明治以降の日本語文のなかに用いている用例を紹介しておきましょう。新聞記者であり、作家でもあった福地桜痴《おうち》は、「幕吏に説くに初戦の利害を以てし、徐に時機の熟するを俟たりき。」（幕府衰亡論・一八九二年）というように用いています。その「以てし」は、〈初戦の利害〉によって説き〉ということです。さらに下って、高見順も、「笑ふと非常に愛嬌が溢れ、その笑顔を以ってしては想像もつかない程、…。」（故旧忘れ得べき・一九三六年）というように用いています。この「以ってし」は、「し」の用法が違います。「その笑顔を以ってしては」は、〈その笑顔から考えたところでは〉ぐらいに読みとれます。つまり、「以ってす」というか、現代語として「以ってする」といったほうがよいか、その表現は、訓読口調を借りていても、意味するところは、違ってしまっているのです。あるいは、「を以って」の下に別の動詞を用いようとしていて、訓読表現の「し」としてしまったのでしょうか。

この「以ってす」という表現、訓読としてそのように定着するまでには、いろいろ悩んだ時期があったろうと思います。漢文というか、古代中国語の、その用法に相当する日本古典語がなく、止むなく「以って」という接続助詞「て」の下に動詞「す」を付けることになったのでしょう。動詞連用形に付く「狩りす」「恋ひす」に始まった複合動詞が、名詞に付いた「狩す」「恋す」と意識され、やがて、外来語の漢字や漢語に付いた「具す」「奏す」「行幸《ぎゃうかう》す」「対面す」などをも生産するに至っていました。そういうなかで、「以って」という、外国語の前置詞を訓読した連語にまで、動詞「す」は、複合動詞化を進行させていたのです。

Q74

『万葉集』に「言はむすべせむすべ知らず」という表現がありますが、その「せ（↓す）」は、何をするのでしょうか。また、現代語の「せんかたない」の「せ」も、同じものと見てよいのでしょうか。またどうして「詮方ない」と書くのでしょうか。

A74

『万葉集』の「せむすべ知らず」という表現、「言はむすべ」と続けて用いる用例として（③三四二）（⑬三三九二）に見ます、その「知らず」を「知らに」とするものや、その他若干の変形用例は、二十数用例、見られます。「言はむすべ」と対句ふうになっているのですから、「せむすべ」の「せ↓（す）」に、具体的な動作を読みとりたくなります。しかし、そういう動詞「す」は存在しません。単に〈する〉意味しか考えられません。〈（何かを）する〉意味の用例しかありません。

山田孝雄という文法学者が、「す」には賓語が必須であると、『日本文法論』で、繰り返しいっています。しかし、右の用例には、その賓語がありません。殊に、この用例は、他動詞「す」でしょうから、〈何を〉に相当する先行成分が欲しいように感じます。漠然と、〈（何をしたらよいか、その）する方法がわからない〉ということだろうと思ったりもしながら、気になって気になってならない表現です。

その表現から「せむかたなし」などとなって、現代語の「せんかたない」にまで至っているということは、容易に理解できます。『源氏物語』のなかにも、「「いといたく若びたる人にて、物に気取《けど》られぬるなめり。」と、せむかたなき心地し給ふ。」（夕顔）というように用いられています。夕顔を連れて荒れた院に出かけて、そこに六条御息所《ろくじょうのみやすんどころ》の物《もの》の怪《け》が現れたところです。〈どうしようもない〉ぐらいに訳すことになります。ですから、先行成分が必要ないのかとも思えてきます。そういうことで、「せむすべ知らず」にも先行成分がないのか、とも思ってみたりもしています。その「せむかたなし」が、現代語の、「せんかたない」になっています。

同じ古典語の時代でも、時代が下ると、「せんかたなし」と表記されるようになります。語形も、その語幹に接尾語「げなり」を付けて、「せんかたなげなり」という形容動詞としても用いられました。仮名草子に「さしも猛き狼も、大の馬には強く引かれぬ。せんかたなげにぞ行きたりける。」(伊曾保物語)というように見られました。そして、自然主義の作家の田山花袋は、「兄は詮方なくありもしない自分の巾着《きんちゃく》の銭《ぜに》を掻き集めて、…。」(妻・一九〇八年)というように、「詮方ない」と表記していました。

その「詮」という漢字は、「詮議」「詮索」「所詮」などの「詮」です。もともと、〈くわしく真理を説きあかす〉〈くわしく調べる〉意の漢字ですが、訓はありません。この漢字にふさわしい日本の古典語がなかった、ということです。サ変動詞「す」の未然形「せ」に推量の助動詞「む」が付いた「せむ」に、何の関係もありません。ただ、発音が、「せん」となった「せむ」と同じだ、ということだけです。いうならば、宛て字です。でも、〈くわしく調べる方法がない〉というような、誤解の読解がなされていたりしなかったでしょうか。そういうことを意図した宛て字かとも思えてこなくもありません。

ここで、極めてしばしば受けたお尋ねを紹介しておきます。「する」という動詞は、「為」という漢字があるのに、どうして「為る」と書かれないのか、という質問です。この「せんかたない」についても、辞典には「為む方無い」などと漢字表記も載っているでしょう。それなのに、どうして「せんかたない」と書くのが一般なのか、というお尋ねです。それは、「す」や「する」が形式動詞とか形式用言とかいわれるように、概念の希薄な動詞だからです。「ある」も「なる」も、「有る」「成る」とは書かれないのと、同じ理由です。

Q75

『古今和歌集』に載る「恋せじと御手洗川《みたらしがは》にせし禊《みそぎ》 神はうけずぞなりにけらしも」という和歌の「せし」の「せ↓（す）」は、どのようなことをした、というのでしょうか。たぶん、その「せ（し）」は「禊せ（し）」であろうと思うのですが、どうでしょうか。

A75

『伊勢物語』の六十五段にも載る一首です。〈もう恋はしまいと御手洗川で禊をして神様に立てた誓いだが、神様はその禊をご受納くださらなかったに違いない。〉と読みとれる一首です。確かに「恋せじと御手洗川にせし」までのところには、その「せし」の「せ」の先行成分は見当たりません。他動詞「す」の前には、「何を」に相当する語句があって、「す」の内容を具体化させてくれるのが、一般的な表現です。でも、この和歌には、その先行成分が見られません。ただ、ずばり、それは、〈禊をした〉ということになります。「恋せじと御手洗川にせし→禊」という図示でご理解いただけましょう。「恋せじと御手洗川にせし」は、名詞「禊」にかかっていく連体修飾語です。連体修飾語のなかに用いられる「せし」の「せ」の先行成分は、被修飾語の「禊」だったのです。

そのように、連体修飾語のなかに用いられている動詞「す」の先行成分は、その被修飾語である、といえるでしょうか。『古今和歌集』千百十一首のなかで、そのような用例は、お尋ねの五〇一番歌一首でした。八代集の二番め『後撰和歌集』に、辛うじて一首見つかりました。ただ、その動詞「す」は、自動詞でしたので、先行成分は、ガ格の対象格となります。「…ほのかにしつる→ひぐらしの声」⑤二五三）でした。そのまま訳すと、〈ほのかにした蜩《ひぐらし》の声よ。〉ということになります。その「し↓（す）」は、〈聞こえる〉と捉えてもいいでしょう。〈ほのかに聞こえた蜩の声よ。〉です。自動詞「す」の用例でしたが、その連体修飾語のなかの「し↓（す）」の先行成分は、間違いなく被修飾語の「ひぐらしの声」

でした。「…御手洗川にせし禊」に見た法則が通用できました。いま一用例存在しました。「昔せしわがかね事の悲しきは…」（⑪七一〇）です。「昔せし」の「せ↓（す）」の先行成分は、「わがかね事〔ヲ〕」です。その「せ↓（す）」が他動詞ですので、その先行成分は、ヲ格の語句です。〈昔、約束事をした、その約束事が悲しいのは、〉と読みとれるところです。

『拾遺和歌集』には、この構文の説明のために存在するような用例、「人も見ぬ所に昔君《きみ》と我《わ》がせぬわざわざをせしぞ恋しき」（⑱一二〇七）がありました。「人も見ぬ所に昔君と我がせぬわざわざを…」の「せぬ」の「せ」は、「わざわざ〔ヲ〕せ」ということになります。そのうえで、「せぬ」の上に「人の」を補い、〈他の人が（いろいろなわざを）しない、いろいろなわざを…〉と解し、〈人が見ていない所で、昔、君と私が〈他の人が〉しないいろいろなことをしたことが恋しいことよ。〉となっていきます。

次の『後拾遺和歌集』にも、一首だけありました。「なげかじなつひにすまじき別れかは…」（⑯九二八）です。「つひにすまじき別れ」の部分の連体修飾語と被修飾語との関係から、その「す」は、「別れ〔ヲ〕す」ということになります。結局、〈別れなければならない別れ〉といっていることになりましょう。

それにしても、この表現の原点といえる「…御手洗川にせし禊」は、当代の人にも、印象深く受けとめられていたのだと思います。『千載和歌集』に「きのふまで御手洗川にせし禊志賀《しが》の浦波立ちぞかはれる」（⑯九七二）とあったのです。『新古今和歌集』の「君がせぬわが手枕《たまくら》は草なれや…」（⑮一三四九）も、同じ構文です。律文という制約のなかで、止むなく生まれた構文です。動詞「す」を連体修飾語のなかに用いて、その先行成分を被修飾語として表現する手法でした。

Q76

「すまじきものは宮仕え」という格言の「すまじき」は、どういうことをしないのがよい、というのでしょうか。また、『土佐日記』の「男もすなる日記といふものを」の「すなる」の「す」は、〈書く〉の代動詞なのでしょうか。

A76

正確にお気づきなのだと思います。ここにお引きの二用例とも、連体修飾語のなかに用いられている動詞「す」で、その「す」の概念を担う先行成分は、被修飾語の名詞である、ということができます。二用例とも、既習75に該当する用例です。

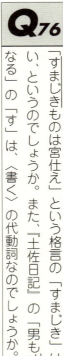

その諺《ことわざ》は、室町末から近世初めにかけての幸若舞《こうわかまい》に見られた詞章に「あらあぢきなや世の中に、すまじきものはみやづかひ。我奉公の身ならずば、かかる憂きめによもあはじ。」（信太《しのだ》）と出て来ます。「宮仕へ」の「エ」を「イ」で発音しています。「宮仕へ」というから、もっと古くからありそうに思えましたが、こういうようにして登場しました。そして、現在でも、いろんな職場に当《あ》て嵌《は》めて用いています。〈奉公というものはいろいろと気苦労が多いので、するものではないとつくづく思う〉という思いを、格言ふうに組み立てた表現です。「すまじきもの」の「もの」は、漠然と〈仕事〉というか〈勤務〉というか、そういうことを暗に指していて、「す」は、〈奉公す〉ということになりましょう。「まじ」は、不適当や禁止を表すもので、〈奉公するのはよくない〉〈奉公してはいけない〉ぐらいまで読みとってもいいでしょう。その連体形「まじき」で、「すまじき」という「す」を含む連体修飾語となります。

さて、『土佐日記』の冒頭文「男もすなる日記といふものを、女もしてみむとてするなり。」には、「す」が三度繰り返されます。その第一用例の「男もすなる日記といふものを、」の「男もすなる」が「日記」あるいは「日記といふもの」の連体修飾語である、と、まず、見ることができます。「男もすなる」という連体修飾語に含まれている「す」の先行成分は、連体修飾語から見た被修飾語「日記」です。「日記〔ヲ〕す」というところから、その「す」は〈書く〉意と見えてきます。続く「して」の「し」、「するなり」の「する」は、その「す」の意の〈書く〉を当て嵌めていくことで、読解できましょう。

その「男もすなる」の「なる」は、伝聞の助動詞「なり」の連体形で、「すなる」は、〈(日記〔ヲ〕)するとかいう〉と、まず解され、その「す」が具体的動作として〈書く〉と見えてきて、〈(日記を)書くとかいう〉というように見えてきます。そういうわけで、第一用例ですから、代動詞と呼んでしまうのは、避けたいと思います。第二用例・第三用例については、第一用例を受けて、代動詞的ぐらいの受けとめ方も許されるでしょう。しかし、日本語の「す」「する」には、英語の代動詞 do のように、ある動詞を一旦用いたうえで、同一動詞の反復を避けて用いられるような用いられ方をするものはありません。英文法でいう代動詞の用法とは違います。併せて、触れておきます。

連体修飾語に含まれている動詞「す」「する」の先行成分は、その被修飾語である、ということは、和歌においては注目される表現として、既習75において確認されましたが、散文では、わざわざそうする必要がなかったからでしょうか、古典文のなかには、この二用例以外、ほとんど見られません。しかし、表現してみようと思えば、表現できます。「しタくない勉強」「しタくない仕事」、「しなければならない勉強」「しなければならない仕事」などが、それです。こういう表現も、時にしていると思います。

さて、問題の性質を少しく異にするのかもしれませんが、先行成分の配されていない表現として気になっている連語と漢籍由来の諺《ことわざ》があります。「する事成す事」の「する」です。『書経』に由来の「することの難《かた》きにはあらずよくすることの難きなり。」の「する」です。

Q77

接続詞「そして」の「し」がサ変動詞「す」の連用形であると知って、驚いています。どのようにして成立し、どのような過程を経て、現在に至っているのでしょうか。同じような成立の接続詞としてどのようなものがありますか。

A77

お尋ねの範囲というか、対象が、広くて多いものですから、大まかなお答えとなること、ご了承ください。「そして」は「さして」から、「こうして」は「かくして」から、「しこうして」は「しかくして」「しかして」から、それぞれ、変化を重ねて現在に至っています。

「そして」の前身「さうして」をローマ字資料で紹介します。「スセンノツワモノガコレヲミテブンブトモニタッシャヂャトユウテホメタ。Sŏxite（サウシテ）ゲンジモヘイケモヂンヲアワセテタガイニタテヲツイテムカウタ。」（天草本平家・一五九二年）に見る用例で、「さうして」であることが、ŏからわかります。それが、やがて、「そうして」となり、現在の「そして」になるのです。原形は、指示の副詞「さ」に、「す」の連用形「し」と接続助詞「て」の付いた「さして」だったでしょう。

「こうして」は、接続詞として用いられるに先立って副詞でした。「かくして」の「かく」の「く」がウ音便化したものです。もともと、副詞「かく」に、「す」の連用形の「し」と接続助詞「て」が付いて、一語化したものです。ある時期までは、「さうして」同様、「かうして」でした。「さう」も「かう」も、母音ア・ウが連なる開音としてのŏでした。この副詞が、徐々に接続詞化します。それが、現代仮名遣いによって、「こうして」と表記され、発音も完全に合音化しました。

右の「さうして」「かうして」、その現代語「そうして」「こうして」は、和文の系統の文章に用いられました。ともに、副詞から接続詞化するのですが、殊に後者の「かうして」「こうして」は、まだ接続詞としての用例数よりも副詞としての用例数のほうが多いかもしれません。

それらに対して、漢文訓読系の文章の接続詞は、「しかうして」でした。こちらは早くから発達していました。『日本書紀』などの訓読にも用いられますが、それは、中世からの訓みと見たほうがいいでしょうか。接続詞は、和文の『源氏物語』などにはほとんど見られませんが、漢文には接続詞があるところから、訓読文には、当然見られます。「しかうして」は、多く「而」という漢字をそう訓み、また、そう表記しました。『日葡辞書』には、Xicǒjite というようにローマ字表記されています。「シカウジテ」というように、その「して」の「し」が濁音化されています。明治になってからは、評論・論説の文章のなかに用いられました。

現代語「しこうして」の前身「しかうして」「しかうじて」の「しか」は、〈そのように〉という意味の副詞です。「然」という漢字や「爾」という漢字に当たります。和語の〈そのように〉が「さ」であるのに対して、漢文訓読の世界の〈そのように〉は、この「しか」でした。和語には、〈このように〉の意の「かく」という副詞もありました。その副詞「さ」「かく」「しか」が接続詞の「そして」「こうして」「しこうして」を生んでいるのです。

現代文の読解においては、接続詞や副詞が、文や文章の展開に大きく関わっています。今回、その一部に触れましたが、まだまだ、文章の展開と接続詞との関係について確認していくことが必要です。その接続詞のうち、サ変動詞「す」の連用形「し」が、いずれの接続詞の誕生にも関わっていました。さて、それら「そして」「こうして」「しこうして」の「し」は、事態の進行を促しているように感じますが、いかがでしょうか。

Q78

「しかし」の下の「し」も、サ変動詞「す」「する」の連用形「し」である、と知りました。ただ、どこから逆接の意が読みとれるのでしょうか。「しかしながら」ともいいますが、「しかし」に「ながら」が付いたのでしょうか。「されど」などは、どうしたのでしょうか。

A78

逆接の接続詞「しかし、」は、現代の日常生活においてはもちろん、論理的文章の評論や論説にも、近年は頻度高く用いられるようになりました。決定的な論理の転換に必須の接続詞です。その「しかし」の前身は、「しかしながら」でした。その「しかし」の下の「し」は、サ変動詞「す」の連用形の「し」で、それに接尾語「ながら」が付いたのが古い「しかしながら」なのですが、その後、その「ながら」は、接続助詞ふうになって、逆接を表すようになりました。

「しか」は、〈そのように〉という意味の副詞です。それに「し」と「ながら」が付いて、古くは、〈すべて〉の意の副詞でした。『日本書紀』や『日本霊異記』の「一切」の訓や「惣家」の訓として用いられています。それが、徐々に、先行の事柄に対し、後行の事柄が反対の関係にあることを示すようになっていきました。抄物《しょうもの》に「年のわかき時は、夜も日もあけまいやうに、主恩頻りなれども、いつの間にやら、秋風立ちてすてはてらるるぞ。しかしながら、天子はうらめしくないぞ。」（中華若木詩抄・一五二〇年ごろ）とありました。明治に入ってしばらくして、徳富蘆花が「斯様《こんな》悲劇が月に幾回となく繰り返されるのであった。ああ併しながら其悲劇すら最速《もう》なくなった。」（思出の記）というように用いています。

「しかしながら」の歴史は、副詞から接続詞へということもあって、長い歴史がありました。

それが、近世末から近代にかけて、殊に対語の場などで、「しかし」だけで用いるようになりました。「しかし」の歴史は、百何十年かで、二百年にはなっていません。夏目漱石の小説に「「話す私も飽き飽きします。」「然《しか》し其位《そのくらゐ》根気があれば大抵の事業は成就するよ。」」（我輩は猫である・一九〇六年）とあります。芥川も、「〔仙人ニ〕なれません。なれませんが、しかし私はなれなかったことも、反《かへ》って嬉しい気がするのです。」（杜子春《とししゅん》）のように、自分の発言を切り返す際にも用いています。

中古といわれる平安時代の和文では、「さながら」で〈すべて〉の意を表していました。それを漢文訓読系の文章では、「しかしながら」といっていました。その「しかしながら」が、いつか、逆接の接続詞化して、〈そうではあるが、〉の意になっていました。その「しかしながら」が、既に見てきたように、「しかし」だけでも表現できるようになり、やがて、ほとんどが、「しかし」だけで表現するようになって現在に至っています。逆接の意の「ながら」がなくなって、逆接の「しかし、」になってしまったのです。中古の和文に見られた逆接の接続詞「されど、」、中世の和漢混交文に見られた逆接の接続詞「しかれども、」なども、「しかしながら」と「しかし」とによって、その座を失います。近代の初期の傾向としては、「しかしながら」が文章語として、「しかし」が口頭語として棲み分けられていましたが、やがて「しかし、」一色となってしまいました。

「しかしながら」の「ながら」は、もとは、〈…のまま〉の意の接尾語でした。そこででしょうか、直上の「し」を強意の助詞と見る説もありました。ただ、その後、「ながら」は、接続助詞の性質に変わります。ですから、現在は、その「し」は、やはり、動詞「す」の連用形の「し」とするのが適切です。

いま一つ、「しか」の部分に当てる漢字の「併」と「然」とについて申し上げておきましょう。「然」は、順接の「しかり」にも用いられます。「しか」の本来の〈そのように〉の意に当たります。「併」は、〈二つ並ぶ〉〈両立する〉意です。逆接の意は、「併」のほうが当たることになりましょう。

Q79

「結婚することにしました。」は、「結婚することになりました。」とどう違うでしょうか。「(…する)ことにする」と「(…する)ことになる」との対応関係については、どう認識したらよいでしょうか。

A79

「結婚することにしました。」と「結婚することになりました。」との、どちらを多く聞いたか、ちょっと振り返ってみました。女性は、「結婚することになりました。」のほうが多かったように思います。男性でも、長男で、家を考えて結婚しなければならない人はそうだったな、と思い出されました。ただ、それが一般論といえるかどうか、いいきれません。一方、「結婚することにしました。」と言い切った人に出会えていたか、危なくなってきました。

「結婚することにしました。」には、二とおりあるようにも思えてきました。いま、結婚適齢期という考え方はなくなりましたが、それでも、若い方の場合と、年配の方の場合と、どちらにも、この挨拶は考えられました。ちょっと早いけど決心したという場合と、結婚はしないかに見えていてそう決心したという場合との、二とおりです。「結婚することになりました。」は、時には、不本意であるが、という不満を添えての報告ということもありましょう。

前者は、自己の意思決定の表明です。後者は、周囲を含めての結論の報告です。それを、「する」と「なる」とで、両表現を成立させていたのです。みごとな対応です。「する」の上の「に」も「なる」の上の「に」も、結果を示す格助詞です。その上の動詞は、「就職する」「入学する」「入部する」「経営する」「開業する」「引き継ぐ」など、前向きの姿勢で取り組む行為を意味する動詞です。もちろん、ポジティブなものだけでなく、ネガティブな「閉店する」「退学する」なども考えられますが、その後に期待される未来があるような場合のように思えてきます。

「…にする」の「する」は、多様な用法を見せますが、すべて他動詞です。その「に」で結果を示すことを明らかにして、「する」で意思決定するはたらきを長く担ってきています。「…になる」の「なる」は、自動詞です。そもそも、「なる」には自動詞しかありません。その「に」に続けて、自動的に決定された結果を「なる」で叙述するはたらきを長く担ってきています。そのようなそれぞれの「…にする」「…になる」の上に、形式名詞「こと」を用いて名詞化させた行為を提示しています。本来、そこは、「合格」「不合格」／「採用」「不採用」など、一単語名詞が位置するところでした。そこを「…すること」としている表現が近年見られるようになった、と観察しています。一つの結論に到達した経緯を併せて表現しようとしたところから生まれてきた両表現、というように認識しています。

古典語の時代にこのような構文の文を見ることはないように感じています。近現代語のなかでも、そう古くはないように感じています。「…にする」「…になる」の対応は、注目しなければならない対応関係ですが、このような結論に到達するまでの意思決定の過程や経緯を併せて表現するには、形式名詞「こと」の機能を活用しなければ成立しなかったであろうと思えます。以上は、あくまでも、そう感じている、ということです。

いま、日本語を言語文化的な姿勢で見ようとするとき、その視点の一つが、この「する」と「なる」との対応です。なかでも、大きな話題を呼んだ一冊が、池上嘉彦『「する」と「なる」との言語学―言語と文化のタイポロジーへの試論―』（大修館書店）でした。さて、古く、このような「なる」は、「為」字で表記されました。「為」字には、このような「する」と「なる」とに共通する意味が隠れているようです。お確かめください。

Q80

「なくする」と「なくなる」とは、古典語の時代から存在するのでしょうか。また、それらは、「する」と「なる」との対応関係にあったのでしょうか。現代語としては、「なくす」でしょうか。他人の死に「なくす」を用いるのは、失礼でしょうか。

A80

サ変複合動詞化した「なくす」が存在したか、というお尋ねだと思います。「なくす」「よくす」は、複合動詞化が早かったと思います。『宇津保物語』に「いささかに手習ひし給ひし反故《ほうご》など、取り散らし給ふ物なくし給ひなどして、…。」（国譲・中）とありました。この部分については、「…取り散らし給ふ物なく、し給ひなどして」という読み方もありますが、「し給ひなどして」の「し」に〈生活する〉を担わせるのは不適切です。「なくす」と見ておきたいと思います。『竹取物語』に「弓矢をとりたてむとすれども、手に力もなくなりて、…。」（かぐや姫の昇天）とありました。「なくなる」は、他の作品にも幾つか用例を見ます。

その「なくす」と「なくなる」との関係は、「す」と「なる」との対応を背景にして成立していると見てよいでしょう。ただ、そのように対応すると認識するのは、研究者の研究結果などを受けてそういったりするのであって、当代人が意識してつくったかどうか、わかりません。その意味で申し上げると、「なくなる」に対応して、他動詞の「なくなす」が成立しており、そちらのほうが用例も多く見られます。『後撰和歌集』の詞書《ことばがき》に「人をなくなして、限りなく恋ひて、思ひ入りて寝たる夜の夢に見えければ、…。」（⑳一四二〇）とありました。〈死なせる〉〈失う〉意の「亡くなす」で、〈死ぬ〉意の自動詞「亡くなる」と、みごとに対応しています。

さて、サ変助詞「す」を付けた「なくす」は、やがて現代語化して、「なくする」となりました。〈紛失する〉意としても、〈(身内の者が)死ぬ〉意としても、用いられました。その語幹「なく」は、改めていうまでもなく「無く」であって、形容詞ク活用「なし」の連用形です。ちょうど、「愛す」「託す」「略す」などの一字漢字サ変複合動詞がサ行四段、いや、五段活用化する時期、その一群に惹《ひ》かれて、「なくする」も、「なくす」というサ行五段活用化します。この問題は、どちらの活用が正しいとか正しくないとかいうようなことではありません。しかし、どちらかが有力であり、それに拠って、辞典などは、語形だけが違って内容が同じ場合は、その有力ではないほうを、いわゆるカラ見出しとして扱います。現在、サ行変格の「なくする」はカラ見出しとし、サ行五段の「なくす」のほうに語釈を入れるのが、一般となっていましょう。

「なくなる」は、その成立当初から、〈紛失する〉意と〈死ぬ〉意とをもっていました。その〈死ぬ〉意味には、婉曲にいう表現であるところから、尊敬表現としても謙譲表現としても意識されました。「お父さま、亡くなったそうで、…。」でも、「お亡くなりになったそうで、…。」でもよいことは当然として、「父が亡くなりまして、…。」とも言えたわけです。それに対して、「なくする」も「なくす」も、身内の者に死なれたときに、ほぼ限って、「父を亡くしましたもので、…。」などという用法が見られました。お尋ねは、そのような背景を前提にしてのお尋ねであろうと思います。仮に尊敬表現のための「れる」を用いたり、「お…になる」という表現形式に当《あ》て嵌《は》めたとしても、「亡くす」という動詞を身内以外の人に向けて用いるのには、抵抗を感じる世代の方もいらっしゃいましょう。しかし、昭和に入ってからのお生まれの方だったら、認めてくれようと思います。

お尋ねにはございませんが、「なくなす」というサ行五段活用動詞、さきに触れたように、古典語時代には「なくする」より使用されていました。現代語としては、〈紛失する〉意が僅《わず》か見られる程度です。

Q81

新聞の見出しに見る「診療介護態勢の整備」「単独首位の躍進」の「整備」「躍進」は、「整備する」「躍進する」と読んだほうがいいでしょうか。ただ、「整備」についていうと、〈整備した〉なのか〈整備している〉なのか〈整備しよう〉なのか、どうなのでしょうか。

A81

新聞の見出しに見られるお尋ねのような表現、長く問題になっています。新聞の見出しなら、まだしも、その折り込み広告のチラシなどには、読者の誤解を期待して、そのように作文したキャッチコピーもあったりして、許せない表現として問題になったこともあったかと思います。

「診療介護態勢の整備」は、〈診療介護態勢を整備すること〉というように、ひとまず解釈できます。「整備する」が他動詞ですから、その「の」は、ヲ格に切り替えられます。「単独首位の躍進」は、〈単独首位で躍進している状況〉ぐらいに解せましょうか。「躍進する」は自動詞ですので、「伝統校の躍進」とか「新設校の躍進」とかでしたら、〈伝統校が躍進している現況〉〈新設校が躍進している現況〉などと解釈されましょう。この二字漢語サ変複合動詞語幹の見出しは、その二字漢語のその「の」という格助詞をヲ格にして読むか、ガ格にして読むか、どちらかに読み分けられます。その二字漢語複合動詞が他動詞のときはヲ格に、自動詞のときはガ格になります。読解のポイントはこの点だけです。

いずれにしても、その新聞見出しの「整備」「躍進」が〈整備する〉〈躍進する〉という動詞であろうと感じとれてくるのは、極めて自然なことだと思います。ただ、「する」が付いていないのですから、動詞ではありません。「整備する」「躍進する」という漢語サ変複合動詞の語幹です。「整備する」「躍進する」という動詞の語幹だけの用法である、と受けとめたうえで、「の」という連体格の格助詞に連なっているので、やはり、体言、つまり、名詞であると判断しなければなりません。品詞は何かと問われたら、その答えは名詞です。連体格の格助詞「の」に付いているのですから、そう判断せざるを得ないでしょう。

この問題については、松下大三郎『改撰標準日本文法』(紀元社・昭和三年)も、その指導をしています。名詞の格の連体格のところで、「文法の研究」は〈文法を研究す〉であり、「田舎の生活」は〈田舎に生活す〉であり、「早朝の出発」は〈早朝に出発す〉であるなどとしています。このように読みとることが必要だと思います。言語の形態を超えて、読解の論理を捉えていきたいと思っています。

さて、その「整備」が、〈整備した〉なのか、〈整備している〉なのか、〈整備しよう〉なのか、というお尋ね、これはもう十分におわかりのうえのお尋ねと思いますが、そのように、どのようにも理解できるわけです。〈整備した〉なら、問題ありません。〈整備している〉は、今後の見通しがちょっと気になりますが、まあいいでしょう。〈整備しよう〉には、意志でなく、意思表明の場合も、呼びかけの場合もありましょう。いずれにしても、掛け声だけであってはならないでしょう。もちろん、その記事の詳細を読んで、読者は、その「整備」が、〈整備した〉か、〈整備している〉か、〈整備しよう〉かを読み分けて、上記のように感じとっているわけです。とにかく、お尋ねには、そのいずれにも読みとれます、とお答えすることになります。記事を読ませるという点では、上手な見出しだ、ともいえましょう。

その「整備」には、まだ、別の読みとりがありました。〈整備することにした〉です。法的な制度としてではないが、ある協会といったような組織が決定した場合です。このお尋ねは、日本語の問題を超えてのお尋ねだったように思いますが、日本語の問題としてお答えしたうえで、極力、お尋ねの趣旨にも副ってお答えいたしました。

Q82

「本居宣長の研究」の「研究」には、〈研究する〉意が感じられます。さて、「本居宣長の研究」という語句からは、〈本居宣長が研究したこと〉の意も〈本居宣長について研究すること〉の意も読みとれますが、どうしてでしょうか。

A82

「本居宣長の研究」の「研究」というように取り上げなくても、「研究」とだけいっても、その「研究」、つまり、「研究」という名詞は、行為性を内在させている名詞である、ということなのです。行為性名詞とでもいったらいいでしょう。英語学者、中島文雄の『日本語の構造―英語との対比―』(岩波新書)では、行為名詞と呼んでいたでしょうか。このような行為名詞は、西洋語の影響で増えた、と述べています。それら行為名詞は、その行為の主体をも客体をも、連体格助詞としての「の」で表すことができてしまうところから、お尋ねのような表現が成立してしまうのです。

この「本居宣長の研究」は、北原保雄『文法的に考える』(大修館書店)に載っている用例です。この表現が、〈本居宣長が研究したこと〉と読みとれるのは、その「の」が行為主体を表すものとして読みとったからです。その主体の人物が過去の人なので、その読みとりには「た」が必要となって「研究した」となるのでしょう。「研究したこと」か「研究したもの」か、ちょっと悩むところもありましょうが、論文や著書になっていなくてもいいわけで、「こと」でいいでしょう。〈本居宣長について研究すること〉とも読みとれるのは、その「の」を行為の客体を表すものとして読みとったからです。ヲ格の対象を表すものとして読みとったからです。以上が、お尋ねに対するお答えです。

実は、行為性名詞には、右のような可能性あるものもありますが、実際の用例は極めて希《まれ》です。本居宣長が、自身も研究者であり、後世において、研究の対象となる人物であるところから、この表現に、二つの読解が可能となったのです。そして、そこに誤解も生じるわけです。それでは、以下に、そういう表現を作文してみましょう。

「A君の援助」という表現には、二つの読みとりが可能です。その一つは、〈A君を援助すること〉です。A君の実家は、お父さんが病弱で、経済的に苦しい生活が続いていました。そこで、進学は無理であろうと思われていましたが、地元の篤志家の援助で、大学院にまで進むことができたのでした。その方が「A君の援助」をしてくれたのです。そのA君は、努力のかいあって、今や、海外にも知られる、物理学のA先生です。A先生は、ご自身の若い日のことを考えて、個人で奨学金を出していらっしゃいます。その奨学金で、次の世代の研究者が育っています。A先生の援助で、若い研究者が育っているのですが、A先生は、ご自身の昔の日々を思い出されて、ご自身は、「A君の援助」と言っておられます。この「A君の援助」は、〈A君が援助すること〉ということになります。「A君の援助」に二つの読みとりが可能となるのは、そのような場合です。

いま一つ、「B氏の追及」という表現にも、二つの読みとりが可能です。その一つは、B氏が検事か何かで、悪徳代議士なりを取り調べるような場面でなければなりません。次の一つは、そのB氏が、後に、その立場を悪用して犯罪に加担し、国会で野党から糾弾されているような関係になっていた場合ということになります。「B氏の追及」の二つの読みとりは、こういう場合に限って、成立しましょう。

表現というものは、文法的に可能であっても、そこに関わる素材としての人物や事柄によって、成立の可否が決まるもののようです。今回のお尋ね、文法ゲームの時間としてお受けとめいただきたいと思います。

Q83

漢語サ変複合動詞には、自動詞にも他動詞にもなるものがけっこうあるようです。そこで、例えば、「事件の解決」には、二つの読みとりができるようですが、その読解の手掛かりは、どこに求めたらいいでしょうか。他に、どのような用例があるでしょうか。

A83

これは、日常生活においての重要なお尋ねです。新聞の見出しなどだけでなく、ちょっとしたイベントのキャッチフレーズとか、職場での打ち合わせの案内とかにおいて、その具体的な用例と出会っているはずです。誤読することのないよう、前後の話の流れや文脈等に気をつけましょう。

まず、お尋ねにお示しの「事件の解決」に即して、二とおりの読みとりを確認します。その「解決」を自動詞「解決する」の行為性名詞と見たとき、〈事件が解決すること〉と読みとれます。その「解決」を他動詞「解決する」の行為性名詞と見たとき、〈事件を解決すること〉と読みとれます。前者は、その「の」をガ格の対象格の連体格化したものと見た結果です。後者は、その「の」をヲ格の対象格の連体格化したものと見た結果です。連体格という呼び方が格の概念からは問題ありましょうが、学校文法の一般に従いました。そこで、ここで、それぞれの用例文を挙げておきましょう。前者は、「事件の解決も時間の問題である。」で、いかがでしょう。後者は、「事件の解決に努めてほしい。」で、どうでしょう。

お答えの一つは、以上です。いま一つのお尋ねは、右のような用例としてどのような用例があるか、とのことですが、実は、けっこうたくさん存在します。既習82においては、その用例が極めて希《まれ》でしたが、このお尋ねの用例は、時々見かけたり、耳にしたりしています。それぞれのガ格・ヲ格の別と、それぞれの用例とを、列挙していきます。自動詞・他動詞を読み分けてください。

「衆議院の解散」は、「衆議院の解散が決まった。」では〈衆議院が解散すること〉ですが、「衆議院の解散を決定した。」では〈衆議院を解散すること〉です。

「景気の回復」は、「景気の回復が期待される。」では〈景気が回復すること〉であり、「景気の回復に努めている。」では〈景気を回復すること〉です。

「ドアの開閉」は、「ドアの開閉がおびただしい。」では〈ドアが開閉すること〉ですが、「ドアの開閉を禁止します。」では〈ドアを開閉すること〉です。

「地位の確立」は、「既に地位の確立が公認されていた。」では〈地位が確立すること〉ですが、「地位の確立を目ざして激しく戦った。」では〈地位を確立すること〉です。

「両社の合併」は、「両社の合併が決まった。」では〈両社が合併すること〉ですが、「両社の合併に努力した。」では〈両社を合併すること〉です。

「工事の完成」は、「工事の完成を祈る。」では〈工事が完成すること〉ですが、「工事の完成を約束する。」では〈工事を完成すること〉です。

「室内の乾燥」は、「室内の乾燥がいちじるしい。」では〈室内が乾燥すること〉ですが、「室内の乾燥に心掛けている。」では〈室内を乾燥すること〉です。

お尋ねとしてお示しになった「解決」などの名詞は、いずれも動詞性を内在させていて、行為性というだけでなく、動作性のものも作用性のものもあって、そこに自動詞・他動詞の対応が見られたのです。

そして、格助詞「の」に続いたとき、その「の」の上の名詞との関係は、ガ格と読みとれた場合は自動詞で読み解くことになり、ヲ格に読みとれた場合は他動詞で読み解くことになることが確認されました。

みごとな対応、お楽しみください。

Q84

「ものす」という古典語動詞は、殊に『蜻蛉日記《かげろうにっき》』において、多様な意味で用いられていると知りました。具体的にどのような意味を表しているのでしょうか、また、そのように多くの意味を表すことができたのは、どうしてなのでしょうか。

A84

古典語動詞「す」だけでなく、現代語動詞「する」についても、この動詞には、具体的な意味がありません。その「す」の上に、漠然としたある対象を示す「もの」という名詞を冠した複合動詞が、この「ものす」です。〈何かをする〉というのが、その意味です。中古の和文において、婉曲表現のためという目的をもって造語されたと見ていいと思います。当時、和語のサ変複合動詞は、動詞連用形が「す」を伴うもの以外は、ほとんどなかったでしょう。いや、現代でも、そうでしょう。動作や存在を漠然と表すために造語されたと見てよいでしょう。

○…、これより文《ふみ》もなくて①ものしたれば、「これはよろしかめり。まほならぬがわろさよ。」とあり。ねたさに、かく②ものしけり。

わびてまたとくと騒げどかひなくてほどふるものはかくこそありけれ

夫③ものしつ。（下・天禄三年一月）

夫の兼家が大納言に昇進したころの記事で、道綱の母が、①においては〈仕立物を届けてやる〉意を、②・③は〈歌を贈ってやる〉意を、その「ものす」で表しています。以下に、その意がはっきり読みとれるところを紹介しましょう。

○日ごろものしつる人、今日ぞ帰りぬる。（中・天禄二年）

自動詞としての〈いる〉意の用例です。数日いた人が、今日、帰った、というのです。

○程経て、河原へものするに、もろともなれば、「これぞかの宮かし。」など言ひて、人を入る。（上・応和三年）

これも自動詞ですが、〈出かける〉意のものです。〈行く〉〈来る〉意は、大量に見られます。

○…、ながめ暮らすほどに、文《ふみ》あり。「文ものすれど、返りごともなく、はしたなげにのみあめれば、つつましくてなむ。今日《けふ》もと思へども。」などぞあめる。（中・天禄元年）

他動詞としての〈（手紙を）出す〉意の用例です。この意のものにも、しばしば出会います。

○「…。服《ぶく》になりぬるを、これらとくして。」とはあるものか。いとあさましければ、「このごろ、ものする者ども里にてなむ。」とて、返しつ。（中・天禄元年）

喪中になったので、これらの衣料を仕立ててほしい、といってきたのに対して、あきれて、送り返した、というのです。〈裁縫する〉者たちが里下がりしているので、と言いつくろってです。

○…、あまたたび返すを、責めてわりなくあれば、宵《よひ》のほど、月見るあひだなどに、一つ二つなど思ひてものしけり。（中・安和二年）

何度も辞退したが、無理に言ってきたので、一首二首、〈詠んで贈っ〉た、というのです。

右に引いたのは、ほんの一部です。自動詞のほうは、訳語が多様でも、〈いる〉意か、〈行く〉〈来る〉意です。ところが、他動詞は、あらゆる動作がこの「ものす」で表現されているのです。既に幾つかの用例を紹介しましたが、他に、〈言う〉〈出産する〉〈記す〉〈連れていく〉など、あらゆる動作という動作が、この「ものす」で表現されています。そのほかに、補助動詞「あり」のところにも、その「あり」に代わって用いられています。漠然と、何でも表すために造語されたとしか思えません。

Q85

ある程度、古典語「ものす」について認識しているだけに、現代語の「ものする」が、どうして〈詩歌・文章を創作する〉意だけに用いられるのか、その点が知りたくてなりません。あるいは、「ものする」に、独特の雰囲気でもあるのでしょうか。

A85

上代には、まったく存在しないサ変複合動詞です。中古も、その初期には、見られないようです。中期に入ろうとするある時期に、一気に採用されるようになったのでしょう。ただ、個人による認識の違いが大きく、恐らくは好悪の差もあったろうと思います。上代から見られるサ変複合動詞は、動詞連用形に「す」を伴うものが、ほとんどすべてでした。無活用の、しかも抽象概念名詞の「もの」に「す」を伴わせた意図は奈辺にあったのでしょうか。無概念名詞「もの」に無概念動詞「す」を付けた複合動詞といっていいでしょう。

「ものす」は、多様な動作・行為・作用・存在の代行をします。ただ、それは、例えば、道綱の母のような女性に限られていたのかもしれません。中古の仮名日記を見ても、それが顕著なのは『蜻蛉《かげろう》日記』に限られるのです。紫式部も、『紫式部日記』と『源氏物語』との「ものす」が一致するとはいえないでしょう。『源氏物語』の「ものす」は、「ものす」というより、「ものし給ふ」といったほうがいいでしょう。「ものし給ふ」で、「あり」の尊敬表現としていて、それも、補助動詞「あり」部分の尊敬表現として用いていたのでした。

とにかく、『源氏物語』においては、「ものす」のほとんどが「ものし給ふ」であったのです。「まだ、中将にものし給ひし時は、…。」(帚木)の「ものし給ひ」直上の「に」は断定の助動詞「なり」の連用形の「に」であって、その「ものし給ひ」は、補助動詞「あり」の尊敬表現として用いられています。

そのような用例も、次の中世には、『保元物語』の「…、君にてわたらせ給へば、豈堅《あに》かるべけんや。」（中・白河殿攻め落とす事）に見るように「わたらせ給ふ」に取って代わられます。

近世の「ものす」は、自動詞として、〈情交する〉意の用例を残しています。浮世草子に「縦令《たとひ》人めをつつまぬ逢瀬なりとも、枕並ぶると、其まま物するものかは。」（好色訓蒙図彙）とありました。他動詞は、〈何かをする〉ぐらいの意で、洒落本に「…、いまそう（さう）しやああんまり欲にかかってものするよふ（やう）で、ほかへ聞こへ（え）ても恥づかしゅう（しう）おざんす。」（青楼五雁金）とありました。近代に入って、森鷗外は、〈言う〉意で『おん身は（略）それがしが族なりや。』など懇ろにものし玉へば、いづれも嬉しと思ふなるべし。」（文づかひ）というように用いていました。

近世末にも、〈文章を創作する〉意の用例を見せてはいましたが、坪内逍遙が「故に小説を綴り做すは、猶ほ一大文章をものするがごとし。」「更に拾遺論をものする折漏れたる議論をも補ふべし。」（ともに、小説神髄）というように用いました。佐藤春夫の「既に老大家のやうな作品をものしてみるのである。」（都会の憂鬱）も残っています。「ものする」は、もっぱら物書きの営みをいうようになっていたようです。多様な行為や動作をいうなかの一つとして、この〈創作する〉意の「ものする」だけが残ったのか、それとも、〈創作する〉意を、この動詞で表現しようとして選んだ結果かどうかはわかりません。

ただ、その後、この「ものする」で執筆を意味するのは、必ずしも職業作家の、その営みをいうものではなくなってきているようにも感じられます。「あいつは、羨ましいことに、帰農して、好きな題材だけ取り上げてものしているようだぜ。」など、そういう雰囲気のなかでの執筆を指していうようになってきているようにも感じています。そうお感じになってのお尋ねだったのではないでしょうか。

Q86

「地域の代表として出席する。」などの「として」を、格助詞「と」に付く動詞「する」としてはいけないのは、どうしてですか。また、その「として」は格助詞に相当するのに、中学校教科書などを見ても、載っていないのは、どうしてですか。

A86

「地域の代表として出席した。」は、明治の近代文語文ですと、「地域の代表にて出席す。」となりましょうか。その「にて」は、古典語として、現代語の〈として〉に相当する格助詞で、資格の意を担っていました。それを言い換えた「として」の「し」は、当初は〈位置づける〉というような動詞「する」の意を残していたでしょうが、徐々に資格の意を担う「として」という連語として定着してきたものと見てよいでしょう。

格助詞「と」に付く動詞「する」は、それはそれで現在も用いられていますが、資格を示す「として」は、「とする」からは独立して切り離されました。その後、「として」は、立場・視点などをも担うようになり、日本語教育の世界などでは、複合辞という呼び方をして取り扱うようになっていきました。「辞」というのは、「詞」に対する語群をいう伝統的な術語で、助詞・助動詞などの付属語を指します。複合辞と呼んで、何単語かが一単語化した辞である、と見るのです。

「合格者として入学を許可する。」などは、本来の用法の資格を示す用例です。しかし、「市長として発言する。」などとなると、資格でもありましょうが、どちらかというと、立場を示すものとなっていましょう。「生の証《あかし》としてこの詩をつくった。」などとなると、視点ということになりましょうか。とにかく、「として」は、いま、いろいろな場で幅広く用いられています。もはや、かつての「とする」の「する」の連用形「し」からは遠く離れて、「し」だけの意味を認識することができなくなってきています。

「として」には、右に見てきたように一単語としての機能が十分に認められますが、お尋ねにあるように、格助詞「と」に付く動詞「する」というように見えてもきてしまうのです。形態的な印象がそうさせてしまうのでしょうか。ですから、複合辞などという呼び方にとどめている、ともいえましょう。「として」を一単語として機能していることは認める一方で、形態的には、格助詞「と」と動詞「する」の連用形「し」と接続助詞「て」というように見えてきてしまう、というのが、現代人の大方でしょう。

中学校の教科書などが、「として」を取り扱おうとしない現状については、ご批判もあって当然かと思います。ただ、これら複合辞については、原則的な品詞論学習の過程を経たうえでないと、混乱を呼ぶ恐れもあろうと思います。ある程度の原則が学習できた次の段階として、連語助詞とかいう取り扱いなどが考えられましょう。学校文法研究者が放置しているわけではないと思います。格助詞相当連語という取り扱いも重要ですが、それ以上に、その連語を構成している「と」や「する」や「て」の一語々々の認識は、もっともっと重要です。この問題は、国語科の先生方からも出ていて、文法を専門とする先生が少ないと言っているようです。読解の成果が挙がらない要因の一つに数えられているようです。この問題は、産婦人科や小児科志望の医学部生が少ないのと同じことであろう、と思っています。

さて、一つ、付け加えておきます。「と」に付いた「する」は、「とすると」「とすれば」「としたら」などとなって、接続助詞相当の連語助詞となっています。そういうわけで、それらも、本来の「と」に付いた動詞「する」からは切り離して取り扱う時代となっています。もちろん、それらも、まだ、中学校教科書で取り扱うまでにはなっていません。それら「とすると」「とすれば」「としたら」は、仮定条件も確定条件も担いますので、読解に大きく関わります。言語政策としても考えなければならない問題点でもあるのです。ご指摘、ありがとうございました。

Q87

「この部屋がa使えないとしたら、どこを使ったらいいのでしょうか。」と「この部屋がb使えないとしたら、今までどこを使っていたのですか。」の「使えないとしたら、」は、同じ条件表現でしょうか、違う条件表現でしょうか。

A87

a・bの「使えないとしたら、」は、条件表現としては、違うものと認めなければなりません。まず、認識しておくのは、aを含む「この部屋が使えないとしたら、」という表現を受けている「どこを使ったらいいのでしょうか。」に、「たら（いいのでしょうか）」が用いられている点です。仮定表現「たら」を用いて指示を仰いでいますので、その前提となっている「使えないとしたら、」は、当然、順接仮定条件を表している、と読みとれます。それに対して、bを含む「この部屋が使えないとしたら、」を受けている「今までどこを使っていたのですか。」には、「（今まで…）ていた」が用いられています。過去のある時点からの継続を表していますので、その前提となっている「使えないとしたら、」は、順接確定条件を表していると見なければならないでしょう。

「としたら」も、「とすると」も「とすれば」も、同じような機能をもつ接続助詞相当の連語助詞といっていいでしょう。そこで、お尋ねにお示しの用例も、例えば「とすると」に言い換えると、「この部屋が使えないとすると、どこを使ったらいいでしょうか。」や「この部屋が使えないとすると、今までどこを使っていたのですか。」に言い換えられます。「とすれば」を用いても、両表現とも言い換えられます。その「とすれば」の「すれば」は、本来、古典語時代、已然形に付く「ば」でしたので、順接確定条件を表すものでした。それが、現代語の時代に入って、その「すれば」の「すれ」が仮定形と呼ばれることでもわかるように、順接仮定条件を表すようにもなっているのです。これら「とすれば」「とすると」が確定条件を仮定条件にしてしまったのは、さらに「としたら」が仮定条件を確定条件にしてしまったのは、もともと、「すれば」が確定条件も仮定条件も担ってしまったことにあったのです。

ただ、これら表現のうち、「としたら」を多く採用し、「とすれば」「とすると」は減少してきているようです。加えて、その「としたら」も、順接仮定条件に限られてきています。ですから、お尋ねの「この部屋が使えないとしたら、今までどこを使っていたのですか。」の「この部屋が使えないとしたら、」は、その発言者が、いま気づいてそう言ったものとも読めてきます。そうであったら、bの「使えないとしたら、」も、仮定条件表現です。この用例、どちらに読みとるのがよかったのでしょうか。

そこで、いま一つのお尋ね、このような問題点についてどう考えるかとのことでしたが、言語政策論的な面からのお尋ねなのでしょうか。国の役所としては、文化庁が取り扱うことになりましょう。文科省の外局です。また、国語審議会という機関があります。必要に応じて政府に建議しますが、これまでの国語政策を見たとき、それらはすべて、表記に関する事柄でした。このような問題、私ども一人ひとりの心掛けに負うところが大きいでしょう。

先ほど、「とすれば」の「すれば」が確定条件・仮定条件の判断を悩ませる事情を申し上げましたが、実は、「たら」もそうでした。「たら」は、もともと、完了の助動詞「たり」の未然形で、仮定条件だけを担っていましたが、その後、確定条件のはずの「たれば」が仮定条件のように解されることになって混乱が生じたからでしょうか、「たら」でも確定条件を表すようになってしまいました。ここのところ、完了の助動詞「た」の仮定形として、仮定条件を表す用例に限られるようになってきている、と思います。お尋ねのbの用例について悩んだ理由です。

Q88

「教育について考える。」は、「教育に関して考える。」ともいえます。その「について」が格助詞相当の連語助詞とされたら、「に関して」も、そうなるでしょうか。「教育に関する研究」などという「に関する」は、どう判断するのがよいでしょうか。

A88

長く格助詞「を」で示していた、一部の他動詞の対象を、際立たせて取り扱う姿勢を強めるために、近現代語は、「について」を用いて表現するようになってきています。その「について」を、その後、その取り立てる対象がある幅をもつ概念であるような場合、「に関して」で表現するようにもなってきています。

お尋ねは、その「について」を連語助詞として判断したとしたら、「に関して」はどう判断するのがよいか、ということですので、これは直ちに、同じく、連語助詞とするのがよいでしょう、とお答えしたくなります。文法書として纏《まと》めるとか、国語辞典を編集するというのでしたら、偏らない基準が尊重されなければならないと思うからです。

お答えは以上なのですが、「教育に関する研究」などの「に関する」も含めての適切な判断をお求めなのは、「に関して」に「関し」という、一字漢字サ変複合動詞が連語化されたと思える語句のなかに存在するところからのご懸念あってのことだと思います。「について」の「つい」についても、動詞「つく」の連用形「つき」がイ音便化して、そこに存在するのですが、和語であるところから、抵抗を感じなかったのでしょう。「に関して」の「関し」については、漢字「関」を連語のなかに含めてよいのか、というようなところに、お尋ねの契機があったのではないでしょうか。

そこで、お示しの「に関する」について、少しく確認してみます。もし、この「に関する」を連語と見たとき、それは、連体格の格助詞相当ということになって、同趣の表現として、「に対する」が浮かんできます。ただ、その「に対する」も、「対する」の「対」が漢字である点で、連語として扱うことには躊躇がありましょう。それら、「に関する」「に対する」は、格助詞「に」に続く「関する」「対する」という動詞として取り扱っておくほうが穏やかかとも見えてきました。

そう見たとき、「に関して」も、「に」と「関する」として取り扱わなければならないかと思えてきました。ここで、「に対して」の存在にも気づき、「に関して」「に対して」は連語助詞でよいか、「に関する」は「に」と「関する」として取り扱ったほうがよい、「に対する」も「に」と「対する」として取り扱うべきだ、と、大きく悩まされることになりました。「教育に関して考える。」「教育に関する研究」／「質問に対して答える。」「質問に対する回答」、と呟きながら、それぞれの「に関して」「に関する」／「に対して」「に対する」をどうするのがよいか、行きつ戻りつを繰り返しました。

このお尋ねには、一字漢字サ変複合動詞が、本来、外来語である音読漢字を含んでいるにも関わらず、長く和語だけで担ってきた助詞の世界に、一部とはいえ採用されている点で、大きな問題に気づかせていただくことになりました。この問題は、言語の事実と、その取り扱い方の問題ということでした。取り扱いの問題としては、言語の学問としてもありましょうし、子ども向け学習としてもありましょうし、外国人向け教育としてもありましょう。ありがとうございました。

そういう眼《め》で、もう一度周辺を見回しましたら、「に際して」が見つかりました。「発言に際して失礼のないよう注意してください。」などの「に際して」です。ただ、「に際する」には、ちょっと躊躇する人もいて、「発言に際する注意」より「発言に際しての注意」のほうが一般的でしょう。そうでした。格助詞「を」に付く「を通じて」も、そうでした。「全体を通じて成功でした。」の「を通じて」です。

Q89

「転居することにした。」などの「ことにする」という連語ふうの語句を聞いたり読んだり、時には、自分が用いてもいるようです。また、「一日に一万歩は歩くことにしている。」などの「ことにしている」も使っています。それぞれ、どういう表現なのでしょうか。

A89

誰かから聞いたり文章のなかで読んだりして、ある程度理解できて一定の対応をしていても、どういうことか認識しようとすると、きちんと受けとめて整理することのできない語句はあるものです。いま、そのようなお気持ちなのでしょう。私どもは日々いろいろな日本語を使って生活していますが、本当に的確に理解できているか、本当に適切に表現できているか、危ぶまれるところも多いと思います。動詞の連体形を受けて用いられる「ことにする」や「ことにしている」について、改めてどういう機能を担っているか考えるとなると、けっこう難しいことだ、と思います。実は、この表現、既習79で学習してきています。素材やシチュエーションなどの違いに注目してください。

「転居することにする」からは、「転居する」という意思決定をするまでの過程が見えてきます。転居するか見合わせるか、決定するまでに躊躇もあったと思います。しかし、その過程を経て、いま、その決定した意思を表明する表現が、その「ことにする」であろうと思います。したがって、「ことにする」は、意思決定するまでの過程を含めた意思を表明する表現だ、といえましょう。そこで、その段階で、改めて意思決定の姿勢を示そうとした場合には、「転居することにしよう。」という表現も可能となります。併せて、お尋ねにお示しの「転居することにした。」の「た」ですが、確認のための完了の助動詞の「た」であって、過去の「た」ではないこと、確認しておきたいと思います。

「ことにしている」は、その「ことにする」に、同じ動作・行為を繰り返していることで表す「ている」

を添えた表現です。その形式名詞「こと」の上の動詞は、「転居する」のような一過性の動作・行為を表す動詞では成立しないようです。繰り返される動作・行為を表す動詞でなければならないようです。さらに、その動詞には繰り返される動作・行為の基準か目安が連用修飾語として配されていることになりましょうか。そこで「ことにしている」は、意思的行為を繰り返して自然に習慣になっていることを表現することになるのでしょう。

「ことにする」は、一定の転機を迎えた段階で、その意思表明する際に採用される表現形式、といっていいようです。「転職することにしよう。」「転職することにした。」／「建て替えすることにしよう。」「建て替えすることにした。」などです。それほどではなくても、「家具を入れ替えることにする。」／「外食することにする。」程度でも、「ことにする」は応じてくれます。

「ことにしている」も、日々の生活のなかで繰り返される動作・行為の表現に応じてくれます。「月に一回は、ゴルフコンペに参加することにしている。」「川越へ行ったら、必ずうなぎを食べることにしている。」などです。この「ことにしている」は、その表現形式を過去の表現にしたとき、その繰り返されていた習慣は、もう行われていないことになってしまいます。「大学を卒業するまで、帰省するたび、母校野球部の指導に行くことにしていた。」などです。

そういうわけで、動詞「する」を末尾に添えた「ことにする」や、さらに、それに「ている」を添えた「ことにしている」は、それぞれ、連語助動詞とでもいったらいい付属語となっています。そう表現した本人であっても、どのようなことを表現しようと思ってそう表現したのか、いくら内省しても自覚できない場合もあるようです。ただいまの解説を参考にして、ご自身でご自身のご発言の意図をお確かめになっていただきたいと思います。

Q90

「高きに登るは低きよりす。」という諺《ことわざ》があります。その文末の動詞「す」には、先行成分が見当たりません。ただ、「高きに登るは」という提題の部分から、その「す」は、〈登る〉意を表すものと見えてきました。この「す」は、代動詞でしょうか。

A90

この動詞「す」は、自動詞です。ですから、ヲ格の先行成分の必要はないわけです。和文では、このような文脈のところに「す」が用いられることはないでしょう。おっしゃるとおり、その提題の「高きに登るは」の「登る」という動詞を「低きより」の下にも用いて、そこから始まる意を読みとらせて文末とするところに「す」を用いて、重複を避けた、ということでしょう。〈低きより登る〉としか、読めません。

学校文法はもちろん、日本語文法の一般に、その代動詞という術語を用いることはないでしょうので、そう呼ぶことについて、そうですとお答えするのはちょっと躊躇されますが、その表現の読解としては、適切です。そのように理解していいでしょう。物事は一足飛びにはできない、という教訓です。

ただ、この表現、諺としてはそうなっていますが、出典の『中庸』の本文は、「君子之道、辟如二行レ遠、必自レ邇、辟如二登レ高、必自レ卑。」とあって、「君子の道は、辟《たと》へば遠きに行くに、必ず邇《ちか》きよりするが如《ごと》く、辟へば高きに登るに、必ず卑《ひく》きよりするが如し。」と訓読されています。したがって、「高きに登るに、低きよりす。」でもいいわけです。実は、その前文も、日本の諺としては、「遠きに行くは必ず近きよりす。」となっています。そして、それも、「遠きに行くに、近きよりす。」でもいいわけです。

「高きに登るは」「遠きに行くは」でも、「高きに登るに」「遠くに行くに」でも、それぞれの「す」が、〈登る〉であり〈行く〉であることは、容易に読みとれます。「は」でなく、「に」にすると、その「高きに登るに」「遠きに行くに」は、それぞれ、二格の補充成分となりましょう。また、諺らしく、「す」を文末とするとなると、「高きに登るには」「遠くに行くには」としたほうがよいことになりましょうか。とにかく、そこは、柔軟に訓読してよいでしょう。

お尋ねは、その文末の「す」でした。ただ、それは、諺として文末になっていたのです。漢文の本文では、「より」と訓読される「自」という前置詞に「す」が付いていたのです。その「す」は、比況の助動詞「如し」に連なるために、連体形「する」になって格助詞「が」を伴っていました。それを、諺にするために切り取った結果としての終止形「す」と思われます。しかも、その「す」は、前置詞「自」の訓読に際して、「如し」への接続からそこに動詞の連体形が必要となって、「する」が補読されることになったのでしょう。

これも、日本の諺として採用されている「人を使うに及んでは器《うつわ》のままにす。」ですが、同じく「す」文末となっています。人を使う際には、人の能力に応じた位置を与えて十分な働きをさせる、ということです。その出典は『論語』で、「及二其使レ人也、器レ之。」とあって、いま、一般には「其の人を使ふに及びては、之を器《き》にす。」と訓読されています。近世か、あるいはいっそう古い訓読が採用されて、「器のままにす」となっているのでしょう。いずれにしても、動詞性の必要が生じると、動詞「す」をそこに採用してきていたのが、漢文訓読の世界でした。お尋ねにお示しの用例に近いところに限って引きましたが、訓読に採用された「す」についての研究の必要、強く感じております。

Q91

『蜻蛉日記《かげろう》』に見る「「この大嘗会《だいぞうゑ》に院の御給《たう》ばり申さむ。幼き人に冠《かうぶり》せさせむ。十九日に。」とさだめてす}。」（中・天禄元年八月）の「す」は、特定の先行成分が述べられることなく、〈叙爵の申請や元服の行事をとり行っ〉たことを表しているのでしょうか。

A91

兼家の発言を引いて、そのとおりに決めて、それら〈諸行事をとり行っ〉た、といっているところで、ご理解のとおりです。適切な読解である、といえます。ただ、その「す」の前に、そのような諸行事をヲ格先行成分として述べていないところからのご質問なのだろうと思います。いうならば、先行成分のない「す」から、そのような〈諸行事を行う〉意を読みとらせることへのご不満もあってのことか、ともいえましょう。

読者としては確かにそう思えましょうが、この日記の作者の側に立ってみると、既に触れている院の年給による叙爵申請や道綱元服の行事などを改めて「す」の先行成分として叙述するのは、これまた、大変なことでしょう。それに続く一文が、「ことども例のごとし。」だけであるのを見ても、この間の出来事を記しとどめる道綱の母の気持ちも理解できます。

動詞「す」には先行成分が必須であるというのは、研究者が一定の観察をした結果の結論であっても、すべてが同じ形式の先行成分であるとは限らないわけです。表現というものは、個人が営む作業ですから、逸脱する用例も出て来ます。先行成分を配する必要を感じながらも、その余裕もなく、動詞「す」を直ちに用いて言い切ってしまう場合もあるでしょう。この場合は、まさに、それに該当しようかと思います。例えば、漢文訓読において見られた既習90のような事例は、傾向として見られるものであって、それらとは違うと見なければならないでしょう。これは、あくまでも、個人の問題です。

ここで浮かんでくるのは、『宇津保物語』の「いささかに手習ひし給ひし反故《ほうご》など、取り散らし給ふ物なくし給ひなどして、…。」（国譲・中）を「…取り散らし給ふ物なく、し給ひなどして、…。」と読むお説です。形容詞連用形に付く「す」は、『万葉集』歌の昔から見ますので、「なくす」が存在するかどうかは、文献に残っているかどうかの問題だと思っています。しかし、「し給ひなどして」という、そこから始まる「す」には、どうも一般的ではないような気がしてきます。あるいは、上記の「手習ひし給ひし…」を「し給ひなどして」で受けて、〈手習いをなさりなどして〉と読んでいくことになるのでしょうか。この用例、既習80に引きました。ご確認ください。

文末に、先行成分を配することなく用いられた動詞「す」と、先行成分なしに文頭や、中断された後の語句の頭に現れた動詞「す」とには、当然、悩まされます。それらは、右に見てきたように、和文にも見てきていますが、漢籍や仏典には、それが、話題の表現のなかにも現れます。その一つが、『徒然草』の「しやせまし、せずやあらましと思ふ事は、おほやうは、せぬはよきなり。」（九八）です。『一言芳《いちごんほう》談《だん》』から引いたものですから、浄土教関係の法語ということになります。その傍線の「し」「せ」「せ」とも、他動詞「す」であることが十分に感じとれます。しかし、ヲ格先行成分はありません。〈してみようか、しないでおこうかと思うことは、たいていは、しないほうがよいものである。〉という、その「する」は、具体的な動作・行為をいうものではなく、志向性だけを意味するもの、といえましょう。この一文、『一言芳談』の明禅《みょうぜん》法師の言です。人間の内心に湧くさまざまな願望について、しようか、しないで済まそうかと思い迷う点を挙げて、「せぬはよきなり」と簡潔に直截に言い切っています。明禅の用いた「す」は、〈願望を追い求める〉意ということになりましょうか。とにかく、文頭の「す」でした。

Q92

「刺身《さしみ》を肴《さかな》にする。」とも「失敗談を肴にする。」ともいえるように、「肴にする」が多様な表現を見せるのは、どうしてですか。このように、「…にする」が定着している表現に、どのような語句があるでしょうか。どうして定着するのでしょうか。

A92

そもそも、他動詞「する」は、格助詞「に」に付いて用いられたとき、必ずその前提としてヲ格の補充成分が上にあって、そのある物を別の性質・状態のある物に変化させることになります。本来は先に意識されるはずのヲ格補充成分が次々と入れ換わることに気づかれてのお尋ねと思います。その変化させられた結果が幾つか共通したところから、「Yにする」が定着したかに見えてきたのだと思います。そして、先に意識されるはずの「Xを」というヲ格補充成分が、後れて意識されたのでしょう。

殊に「肴にする」については、「肴」の意味が〈魚類を始めとする酒を飲むときの食べ物〉だけでなく、〈宴会におもしろみを添える話題など〉ともなりますので、多様な表現を見せることになるのでしょう。「塩辛を肴にする。」とも「柳葉魚《ししゃも》を肴にする。」とも、いくらでもいえます。「上司の悪口を肴にする。」とも「中学時代の思い出を肴にする。」とも、これまた、いくらでもいえましょう。

そこで、念のために申し上げておきますと、その「肴」は、「魚《さかな》」ではありません。「さかな」は、もともと、「酒」に副菜を意味する「菜」が付いた複合名詞です。そのように、本来は〈酒を飲むための副菜〉をいったのですが、その副菜として、魚類が最も愛好されたところから、魚類をも「さかな」というようになってしまったのです。ですから、「肴」と「魚」とは、「さかな」とはいっても別語です。

さて、その「肴」は、その後、宴会の座を楽しませてくれる宴会芸や話題をもいうようになったのです。

そういうわけで、「肴」には二つの意味があるので、「肴にする」の該当用例が多いのは、当然だといえましょう。

では、そのような「…にする」が定着している語句について探してみましょう。ただ、これら表現は、慣用表現といえる段階にまで至っているものではありません。あくまでも、その「Yにする」の上に「Xを」というヲ格補充成分が幾つか想定できる、ということでしかないでしょう。いや、「Xを」を変化させた結果、「Yにする」に共通する「Yにする」が幾つか現れた、ということでしょう。

まず、「糧《かて》にする」が挙げられます。その「糧」の上には、「心の」「人生の」「生きる」などの連体修飾語を冠することが多いでしょう。「先生の教えを心の糧にする。」「この生き方を人生の糧にする。」「この経験を生きる糧にする。」などです。「盾《たて》にする」が、続いて挙げられましょう。「法律を盾にする。」「規約を盾にする。」などです。「言い訳にする」も、そうでしょう。「病気を言い訳にする。」「遠距離通勤を言い訳にする。」などです。

「縁にする」も、そういえましょう。「この出会いを縁にする。」「同郷であることを縁にしている。」などといえるでしょう。「契機にする」も、そういっていいでしょうか。「対立候補であったことを協力しあう契機にしている。」「長い親交は、この会での出会いを契機にしている。」などです。

その「Yにする」を「Yにしない」で定着しているものもあります。「苦にしない」です。「遠距離出張を苦にしない。」「公園の清掃を苦にしない。」などです。やがて、慣用表現として注目される日が来ようと思います。お尋ねで、気づかせていただきました。

Q93

和語に付いたサ変複合動詞で「…んじる」となる「重んじる」などのなかには、格助詞「を」を受けるものと格助詞「に」を受けるものとがあります。「甘んじる」「先んじる」「安んじる」は、どうして格助詞「に」を受けるのでしょうか。

A93

格助詞「に」を受ける「甘んじる」「先んじる」「安んじる」のうち、「先んじる」だけが、成立を異にします。「先」という名詞に格助詞「に」が付いた「先に」に「する」が付いて一単語化したものです。もともと、現代語「後れる」の前身「後る」というラ行下二段活用動詞に対応する動詞として成立したものと見ることができます。

「先にす」の「に」が撥音化して、古典語サ変複合動詞「先んず」となり、やがて、現代語サ変複合動詞「先んずる」となります。その「先んずる」が、上一段活用化して、お尋ねにお示しの「先んじる」となったのです。

「後れる」は、比較を前提にして用いられます。そこで、比較の基準を示す格助詞「に」「より」によって、比較の対象をあらかじめ提示することが必要です。「時代に後れる。」「仲間より後れる。」です。そこで、その「後れる」に対応する「先んじる」も、「時代に先んじて、IT企業に就職した。」「他社より先んじて、技術刷新を敢行した。」などというように、格助詞「に」や「より」を受けることになります。

「甘んじる」や「安んじる」は、「甘みす」「安みす」が本来の語形です。形容詞「甘し」「安し」の語幹「甘」「安」に接尾語「み」が付き、それにサ変動詞「す」が付いて成立した「甘みす」「安みす」の「み」が撥音化し、「す」が濁音化したものです。いや、もう一段階変化して、それらが上一段活用化して、「甘んじる」「安んじる」となりました。

「甘んじる」は、〈与えられたものに満足して、受け入れたり、しかたないと諦《あきら》めて受け入れたりする〉意を表します。そのように受け入れる際の基準を表すために、その上には格助詞「に」が必要となり、その上には、その基準となる対象が必要になります。「安んじる」も、〈不満をもたない〉意で、そこにそういう判断をする基準が必要です。そこで、格助詞「に」が必要になり、その上に、その対象が示されなければなりません。「清貧に甘んじる。」「現状に安んじる。」です。

「先んじる」も、「甘んじる」「安んじる」も、いずれも、自動詞です。それらに対して、「重んじる」「軽んじる」「疎んじる」、そして、「諳《そら》んじる」も、それらは、他動詞です。格助詞「を」を受けて用いられます。その上には、それら「重んじる」「軽んじる」「疎んじる」「諳んじる」の対象が示されます。ヲ格の対象語です。

ところで、自動詞として、格助詞「に」を受けて用いられた「安んじる」が、格助詞「を」を受けて用いられることもありました。「民心を安んじる」などという場合です。この場合の「安んじる」は、〈安らかにさせる〉〈安心させる〉意です。つまり、他動詞「安んじる」もあったのです。「安んじる」には、自動詞も他動詞もあったのです。

このように、「…んじる」となるザ行上一段活用動詞に、「背《がえ》んじる」があります。いや、その用例は、その手前のサ変複合動詞「肯んずる」までで止まっているかもしれません。時に、上一段化した「重んじる」などに惹《ひ》かれて、「肯んじる」と言う方もいらっしゃいましょうか。〈肯定する〉意の他動詞です。その先祖は「かへにす」で、上代にまで遡《さかのぼ》れます。お確かめください。

Q94

目下の人の言動を褒《ほ》めていう「嘉《よみ》する」というサ変動詞があるそうですが、どんな場面で用いるのでしょうか。また、〈ないがしろにする〉意の「蔑《なみ》する」というサ変動詞があるそうですが、これも、どんな場面で用いるのでしょうか。

A94

国語辞典として立項するので、「よみする」とか「なみする」という現代語形として立項しているのでしょうが、現代語として用いるということは、確かに、極めて希《まれ》でしょう。そこに当てる漢字も、「好みす」「善みす」や「無みす」を併せて紹介しておいたほうが、それぞれの成立や、また、語構成も理解しやすいでしょう。もちろん、「嘉す」という表記で、その、目下の人の言動を褒めていう動作主体と客体との関係が見えてくることになるのでしょう。「蔑す」という表記で、動作主体が客体を無視する態度が見えてくることになるのでしょう。

「よみす」は、「よし」という形容詞の語幹「よ」に接尾語「み」が付いた「よみ」にサ変動詞「す」が熟合して、古典語の「よみす」というサ変複合動詞として成立したものです。「よみする」は、その現代語形です。「なみす」は、「なし」という形容詞の語幹「な」に接尾語「み」が付いた「なみ」にサ変動詞「す」が熟合して、古典語の「なみす」というサ変複合動詞として成立したものです。「なみする」は、その現代語形です。

「よみす」は、古く『日本書紀』の訓読にも採用されています。「摩理勢《まりせ》は素《もと》より聖皇《みかど》の好《よ》みしたまへる所にして、暫《しばら》く来《きた》れるのみ。」（㉓3・舒明前）の「好みし（→好みす）」が、それです。聖皇から見たら目下の摩理勢が、聖皇から好誼《こうぎ》を受けている関係です。純粋の漢籍である『漢書』の訓点にも、「淑」字を「ヨミス」と訓《よ》んでいます。中世末の抄物《しょうもの》にも見られます。つまり、漢文訓読に用いられた動詞といっていいようです。「嘉」字で、〈よしとして褒める〉意がもたらされたもののようです。

「なみす」も、恐らくは、訓読の場で成立したのでしょう。ただ、資料としては、古辞書の観智院本『名義抄《みょうぎしょう》』の「蔑 ナミス」が初出です。『平家物語』の「保元《ほうげん》・平治の比《ころ》は、入道相国、君をたもち奉るといへども、安元・治承のいまは、又君をなみし奉る。」(③城南之離宮)の「なみし(↓なみす)」が、それでした。〈軽んじる〉とか〈無視する〉とかいう意味です。〈ないがしろにする〉といってもいいでしょう。

お尋ねは、現代語として、どんな場面に用いるか、ということでしたが、現代語文の表現に、そのような場面は、極めて限られましょう。「嘉す」としては、「入社間もないA君が、営業成績を上げて、会長から嘉せられた。」といってはみましたが、苦しい用例文です。「往年のB選手も、今や、ベンチで、なみせられている。」も、これまた、苦しい用例文です。ともに、現代語文には、もう馴染まなくなってしまっています。

さて、この機会に、関連する表現を紹介しておきましょう。古典語時代ですが、「よみす」は、「よみんず」という語形ともなって用いられました。「重んず」「軽んず」「疎んず」などに惹《ひ》かれて、「…んず」という語末としてしまったのでしょう。また、「憎し」という形容詞の語幹「にく」に接尾語「み」が付いた「にくみ」にサ変動詞「す」が熟合した。「にくみす」もあったと思われます。ただ、その「にくみす」は、文献としては残っていません。「にくみす」は残っていないのですが、「にくみんず」が残っているのです。「にくみんず」があるということは、その前身として「にくみす」があったことは確かでしょう。関連する表現、紹介させていただきました。

Q95

二字漢語サ変複合動詞、例えば「参加する」を可能の表現にするとき、「参加することができる。」という一方で、「参加できる。」ともいえます。後者の表現は、いつごろからいえるようになったのでしょうか。この現象、どう理解したらよいでしょうか。

A95

「参加できる」のように、二字漢語サ変複合動詞の語幹が直ちに「できる」を付けて可能の表現にすることが可能になったのは、昭和二十年代後半いや三十年代に入ってからでしょうか。少なくとも、第二次大戦後に登場する「日本国憲法」には、まだ見ることができません。現在では、その「することが」を入れないで、直ちに「できる」を付けることのできる用例の数々が、その「日本国憲法」では、すべて、「することが」を入れて「できる」を付けて可能の表現としていたのでした。

早速、その「することが」が入っている条文を紹介します。そのうえで、現在は、そこにある「することが」が不要となっていることを確認していきます。「天皇は、法律の定めるところにより、その国事に関する行為を委任することができる。」（第四条・2）に見る「委任することができる」が、それです。現在は、「委任できる」ともいえるでしょう。「刑事被告人は、いかなる場合にも、資格を有する弁護人を依頼することができる。被告人が自らこれを依頼することができないときは、国でこれを附する。」（第三十七条・3）に見る「依頼することができる」「依頼することができない」が、それです。現代語としては、「依頼できる」「依頼できない」ともいえるでしょう。

「日本国憲法」には、以下、第五十六条／第五十八条・2／第六十五条／第六十八条・2／第七十六条・2／第七十七条・3／第七十九条・6／第八十条・2／第八十七条／第九十四条／第九十五条にも、その「することが」を入れた用例を見ることができます。くどいようですが、「日本国憲法」には、二字漢語サ変複合動詞の語幹に直ちに「できる」を付けた用例を見ることは、まったくありません。もちろん、憲法の条文だから、当代の厳密な意味での共通語しか用いなかった、と見てもよいでしょう。当時の文や情報というと、週刊誌の発刊が続いています。そういう資料を通して、二字漢語サ変複合動詞の可能表現の実態を確認することができようと思っています。いや、確認できると思っています。いま、感覚的な認識ですが、「参加できる」のような、二字漢語サ変複合動詞語幹に「できる」を直接させた表現が一般化するのは、昭和三十年代以降ということになりましょうか。

このような現象を合理化といえばいえるでしょう。そして、そのような合理化が認められるのは、その二字漢語サ変複合動詞が、動詞のなかで、一強ともいえる存在になっているからでしょう。やや馴染まない一用例であっても、次々と同じような用例が登場することで、いつか、認知されることになります。「参加できる」型表現の初出用例、どのあたりまで遡《さかのぼ》れるでしょうか。この現象について、どう理解するかとのお尋ねに対しては、日本語の乱れという方もいらっしゃいましょうが、既に申し上げたように、合理化と見るように思いたいと思っています。

ところで、このような変化のなかで、和語動詞にも、ちょっとした変化が進行しました。「見ることができない。」の「ことが」は、どうしても、飛んで「できない」へと接続させることができません。そこで、「ことができる」表現は諦めて、「見れない」と言ってしまっていました。〈見ることができない〉意です。五段活用の下一段化しかなかった和語の可能動詞表現を、上一段活用「見る」にまで許容してしまったのです。多忙な時代の可能表現の一斑にも触れさせていただきました。

Q96

他動詞「する」を用いて「開設をする」のようにもいえるし、他動詞複合動詞「開設する」のようにもいえます。どちらを用いたらよいか、悩むことはないのでしょうか。「出張所の開設をする。」か「出張所を開設する。」かで、悩まないでしょうか。

A96

「開設をする」ともいえるし、「開設する」ともいえるので、悩むことがあるのではないかと思えたのでしょうが、実際の文章表現においては、きちんと使い分けていると思います。いや、使い分けというよりも、もう近年は、「開設をする」というように、格助詞「を」を入れて、他動詞「する」を単独で用いる用例は見られなくなってきていると思います。それほどに、二字漢語名詞のうちの動作性・行為性のうかがえる名詞は、すべて「する」と熟合してしまっている、といってもいいでしょう。それほどに、二字漢語サ変複合動詞の時代だということです。

この問題は、日本語史として注目すべき事柄だと思います。二字漢語が頻用されるようになった時点で、併せて、その動詞化が始まりました。しかし、一方では、その二字漢語をヲ格の対象語として他動詞「する」を用いてもいたと思います。いや、こちらが先行していたように見えてきます。まず、「開設をする」が登場、その後「開設する」へと一単語化していったと見ていいでしょう。そのヲ格対象語を他動詞「する」が語幹にしてしまった、といってもいいでしょう。「開設をする。」では、何の開設か、わかりません。「出張所の開設をする。」文が誕生しました。時に、その出張所を際立たせて表現したいと思ったとき、そこに「出張所を開設する。」文が続いて誕生することになるでしょう。その結果として、いま、「出張所を開設する。」文が多くなっている、と見てよいように思います。

そのようにして、他動詞複合動詞「開設する」のような二字漢語サ変動詞が、現代語動詞のなかで、まさに一強となってきています。そのようにして、「店舗の改装をする。」文から「店舗を改装する。」文へと推移していったであろうと、感じとっています。いま、大方の文構造は、「テキストの改訂をする。」「遺体の解剖をする。」「組織の拡充をする。」「事実の確認をする。」「予算案の可決をする。」文よりも多く、「テキストを改訂する。」「遺体を解剖する。」「組織を拡充する。」「事実を確認する。」「予算案を可決する。」文となっています。

二字漢語名詞にサ変動詞「する」を付けた、その複合動詞について、辞典の取り扱いとしては、昭和二十七年初版の三省堂『明解国語辞典』の（名・他サ）（名・自サ）が、その始まりということになりましょうか。その昭和二十年代、同社の『広辞林』は、戦前・戦中を経たものの改訂であって、時に、（名・副）などの複数品詞表示の体裁はできていても、該当用例のあまりにも多い二字漢語サ変複合動詞に、その作業を及ぼすことは躊躇されたのでしょう。その『明解国語辞典』のあとがきの四の8に「名詞の中で、さ行変格の動詞として活用するものにはその旨をしるした。これもはやく明治時代に『和漢雅俗いろは辞典』の行なっている所であるが、このたびその適用範囲を全面的にひろげた。」というように、その姿勢を表明しています。

お尋ねにお示しの「開設をする」型といいましょうか、格助詞「を」の上に二字漢語サ変複合動詞の語幹となりうる、その二字漢語名詞を位置づけて、他動詞「する」を単独で用いる文構造の表現は、極めて限られるのです。「日本国憲法」でも、「内閣総理大臣が欠けたとき、又は衆議院議員総選挙の後に初めて国会の召集があつたときは、内閣は、総辞職をしなければならない。」（第七十条）とあるだけでした。「観察する」「協力する」「検討する」には出会えても、「観察をする」「協力をする」「検討をする」にはなかなか出会えないと思います。新聞でも雑誌でも、どうぞ確かめてみてください。

Q97

「おしっこをする」とか「うんちをする」とか、そういう排泄《はいせつ》行為について「する」を用いて表現するのは、どうしてでしょうか。国語辞典を見ても、そういうことに触れてくれてある記事に出会えていません。汚い行為なので、辞典も避けたのでしょうか。

A97

確かに、『日本国語大辞典 第二版』の語誌を見ても、取り上げてくれていません。お尋ねのようにお思いの方も多いことでしょう。おっしゃるとおり、排尿・排便行為は、幼児語だけでなく、すべて動詞「する」を用いて表現する、といっていいでしょう。

文献に残る用例として、「おしっこ」は、石川啄木の作品に「「小便《オシッコ》しては可けませんから。」と妻が言っても、…。」（札幌）とあって、「する」を用いています。川端康成の作品にも「五月同日。「いたった、あ、ああ。」おしっこをする時に痛むのである。」（十六歳の日記）とあって、やはり、「する」を用いています。「うんち」も、安岡章太郎の作品に「寝る前には忘れずにウンチをするのですよ。」（木の上の生活）とあって、これまた、「する」を用いていました。「うんこ」であっても、森鷗外の作品に「牛乳は相変らず盛んに飲んで、好いうんこをするといふことである。」（金毘羅）とあって、やはり、「する」でした。

字音語「小便」「大便」について見ていきましょう。『太平記』に「一人の仙人あり、小便《せうべん》をしける時、鹿のつるみけるを見て、…。」（㊲身子声聞一角仙人志賀寺上人事）とあって、「小便」も、また、「す」でした。でも、『日葡辞書』には、「Xôbenga（ショウベンガ）ツウズル。」とあったのです。ただ、これは、〈する〉の意ではなく、〈出る〉ということでしょう。ですから、排尿は、やはり「す」だったと思います。『今昔物語集』に「其《そ》の明くる日、元帝、大便をする間、其に付きて珠出でぬ。」（⑨四〇）とありました。「大便」も、また、「す」でした。

和語で、「しと」「ゆばり」、そして、「くそ」があります。その「しと」については『日葡辞書』に「Xito（シト）スル。」とありました。「しと」も、「す」でした。『今昔物語集』に「其の北面を行きける程に、小便の急なりけるにや、築垣に向かひて南向きに突《つ》い居て尿《ゆばり》をしければ、…。」（㉙三十九）とあって、「小便」とも「尿《ゆばり》」ともいっていますが、その排尿行為については、「ゆばり」を「す」といっています。その「ゆばり」は、本来は、「ゆ」が温かいところから「湯」といったものであり、「ばり」は「まり」であり、その「まり」は、〈排泄する〉意の「まる」の連用形と考えられています。その「ゆばり」は、時代が下ると、馬が放尿する際に用いる「ばり」となっていきます。あの『奥の細道』の芭蕉の句「蚤《のみ》虱《しらみ》馬の尿《ばり》する枕もと」（㉙岩手の里）に見ることができます。「くそ」について、現代では、「する」を用いますが、『古事記』では、「まる」でした。「亦《また》、其の大嘗《おほにへ》を聞看《きこしめ》す殿に屎《くそ》まり散らしき。」（上）とあります。その「まり」は、「麻里」という万葉仮名表記となっています。発音を表すだけで、字義がそれに当たる漢字が見つからなかったのでしょう。

現代では、「屁《へ》」も、また、「する」で表現しますが、まだ、「ひる」と言う人も、「ひる」を記憶している人もいるでしょう。「放る」とか「痢る」とか、表記されるラ行五段活用動詞です。古典語の時代には、もちろん四段活用です。その「ひる」や、さきの「まる」が、〈体内から体外へと出す〉意の動詞として、存在していました。しかし、ある時期からは、その動作を、「す」へと、さらに「する」へと移行させていったように思えます。「まる」や「ひる」に汚さを感じて、無概念で何やら動きだけを表す「す」や「する」に代わっていった、と見るのも、一つの考え方かもしれません。そうでした。二字漢語サ変複合動詞がありました。「放尿する」「排便する」です。

Q98

その行為をどう表現するか、一般的にいって憚《はばか》られ、伏せ字を用いたりすることもありますが、古典語の時代は、どうだったのでしょうか。女性の陰部をいう名称に「する」を付けていうようですが、どうして、「する」なのでしょうか。

A98

ただいま、その行為といわれましたが、その性行為をいう表現について『角川古典大辞典』〈第三巻〉の「す」が取り上げてくれていました。同上辞典は自動詞・他動詞の別を設けてなく、そのブランチ②において、「他動詞として用い、ある事柄を行う意を表す。」とした、その㋑～㋬の、その㋬において、「性行為を婉曲に表す。」として、以下の用例を引いています。

「小林《こばやし》に我を引き入れて制（せ）し人の面も知らず家も知らずも」〈紀歌謡・一一二〉「朝から山桝させう生姜しやうかく〈閨中話、八百屋口合、ふるき口合語也〉」〈譬喩尽〉「よしつねも母をされたで娘をし」〈誹風末摘花・初〉「字引でも開と男根はしたい（＝肢体ヲカケル）の部」〈柳の葉末・三〉

以上の用例で、上代語にも近世語にも見られたことが明らかになりました。いずれについても、「す」という動詞だけで、その行為を表現しています。皇極紀の第八段の、予兆の謡歌《わざうた》です。林の中に誘い入れて犯した人の顔も家も知らない、というのです。近世の三用例のうちの第二用例は、平治の乱で敗れた源義朝《みなもとよしとも》、その子義経《よしつね》は、その母の常盤《ときわ》が清盛に身を任せたことで助かったのでした。その義経が夫ある鬼一法眼《きいちほうげん》の娘と関係したことをいうのでしょうか。とにかく三用例とも〝露骨〟過ぎるところから、傍線を引いただけで、これ以上はご容赦ください。

そこで、「す」だけで表現する用法以外の用例を紹介することにいたします。まず『古事記』に見る「みとのまぐはひ」です。「みと」の「み」は〈禊〉、「と」は〈陰部〉の意です。「まぐはひ」は〈交接する〉

意の、「まぐはふ」の名詞形です。ですから、「まぐはふ」という動詞もあったのですが、名詞形にしておいて、それに「す」を付けたのが、『古事記』の表現です。伊耶那岐命《いざなきのみこと》が伊耶那美命《いざなみのみこと》に「吾《われ》と汝《なむち》と、是《こ》の天《あめ》の御柱《みはしら》を行き廻《めぐ》り逢《あ》ひて、みとのまぐはひを為《せ》む。」とおっしゃって、二神が結ばれます。

さて、多様な意味を担う和語サ変複合動詞というと、それは、「ものす」です。その「ものす」が、この性行為を担う動詞としても用いられていました。これも、また、近世です。どうも、この表現は、上代か近世かに限られるようです。早速、『浮世草子』の「気遣ひなしに帯とけ、とひとつも口をあかせず、わるごう有る程、つくして物しける。」（好色一代男）を確認したいと思います。

はっきり言いたくないことを「あれ」という指示語でいうことがあります。その言いたくない一つが性的なことです。坂口安吾が「懐中電燈がパッと光ると、そこには必ずアレが行われているのだから、…。」（東京ジャングル探検）というように、その「アレ」を用いています。そういうわけで、「あれする」が用いられていることは、容易に理解できましょう。

男女の別をいう性別のほかに、性交の意味を、sexそのものがもっています。したがって、「セックスする」は、本来の用法をそのまま採用したカタカナ外来語サ変動詞です。自然に使える動詞がやっと登場してきたといってもいいでしょう。それに対して、「エッチする」は、どうなのでしょう。そのHは、hentai〈変態〉の頭文字とのことで、どういう交わりをいうことになるのでしょうか。

ところで、その行為を、ただ「する」でいうのでも躊躇されましょうのに、その「する」より、さらにちょっと俗な言い方として「やる」が存在します。どうも、こちらの印象は、同じ行為であっても、肉体関係を恥ずかしげなくいう場での表現、ということになりましょうか。

Q99

「勉強をした。」を「勉強をやった。」とも言います。もちろん、「やる」では、ちょっと乱暴で低俗な感じもするようですので、どういう「やる」は「する」にしたほうがいいのでしょうか。「する」に言い換えられない「やる」もあるようですので。

A99

「する」は、もともと〈行かせる〉意の動詞です。「遣《や》る」と書くことからも、おわかりいただけましょう。「派遣」の「遣」です。その〈行かせる〉意から〈与える〉意を派生しましたので、その二つの意味の次に〈する〉〈行う〉意にもなってきているようですから、〈行かせる〉〈与える〉意が読みとれた「やる」は、「する」に言い換えることができません。ですから、お尋ねの、どういう「やる」は「する」にしたほうがよいかという、そのお尋ねには、〈行かせる〉や〈与える〉意が読みとれない「やる」は、「する」に言い換えられますので、それらは、特に砕けた対話でない場合は、おっしゃるとおり、「する」を用いたほうがよいことになりましょう。

その後にお添えになった、「する」に言い換えられない「やる」もあるようですので、に当たるのは、いま申し上げた〈行かせる〉や〈与える〉意の読みとれる用例です。「使いにやる。」「小遣いをやる。」などです。「娘を嫁にやる。」「植木に水をやる。」などです。改めていうまでもなく、五、六歳から十二、三歳までの、いわゆる言語形成期を日本で生活していた人や、それに準じる日本語環境で生活してきた人であったら、わざわざ、その〈行かせる〉や〈与える〉意を表す「やる」といわなくても、その判断は可能です。わざわざお尋ねになるのは、「する」とも「やる」とも言えるが、「する」にすることに躊躇する用例に出会ったからではないのでしょうか。

お尋ねにお示しの「勉強をやった。」は、小・中学生がお友だちと話すのだったら、それでも、いいと思います。でも、学級会で、報告などするのでしたら、「みんなで勉強をしました。」にしたいと思います。成人した人が、職場や公的な場での対話や発言でしたら、「家事をやっている。」「営業をやっている。」「教師をやっている。」は、いずれも、「している」にしてほしいと思います。

ところが、一般的な対語や会話のなかでも、「晩酌をやる。」「麻雀《マージャン》をやる。」などは、「する」でも言える用例ですが、「する」だと、何か、雰囲気が違ってきて、晩酌らしい感じや麻雀らしい感じがしてこなくなるようにも思えます。これは、素材としての晩酌や麻雀が、砕けた場において行われるものだからであろうと思います。「やる」か「する」かでお悩みだったのは、このあたりのことではなかったのでしょうか。「する」に言い換えることができても、言い換えたくない「やる」ということになりましょうか。

小・中学生は、「勉強をする。」を始めとして、ヲ格対象語を受ける他動詞「する」を多く「やる」で言っているようです。「ゲームをやる。」「スポーツをやる。」「模型づくりをやる。」などです。職業についても、「公務員をやっている。」「薬局をやっている。」「農業をやっている。」などと言うのが一般化しています。そして、小説などでは、そういう「やる」に「行《や》る」という表記を採用しているものもあります。

成人男性は、さきほどの晩酌や麻雀とは、またちょっと違った「やる」も用いているように思います。「ぼくは、酒はやりません。」の「やる」です。「ゴルフもやりません。」の「やる」です。やる場合にも用いてもいましょうが、どういうわけか、「やりません」にばかり出会っているように思います。いかがでしょうか。「しません。」では素《そ》っ気《け》ないし、「いたしません。」では改まりすぎるからではないでしょうか。

Q100

「することとなすこと」といいますが、「する」と「なす」とは、意味に違いがあるのでしょうか、同じ意味なのでしょうか。また、どうして、「すること」と「なすこと」とで〈すべて〉という意味が発生するのでしょうか。

A100

大槻文彦『日本辞書言海』（冨山房・第三刷・明治二十二年刊）の動詞「す」の語釈は、「業《ワザ》ヲオコナフ。ナス。イタス。」だけでした。その「す」は、「する」の古典語としての終止形で、その語釈は、そのまま現代語「する」の意味と見てよいでしょう。つまり、「する」と「なす」とは、同意と見られていた、ということです。当てる漢字も、ともに「為」字です。常識的には、「する」も「なす」も、同じ意味ということになりましょう。

「する」については、上代から古典語としての「す」の用例が大量に見られること、本書の至るところで見てきています。改めて、その確認をするまでもないでしょう。念のためにいっておくと、賓語がなくても、動詞であろう、何か行為をするということであろう、といえましょう。

そこで、「なす」について見ていきます。「なす」は、「為」字が当たる語義だけではありません。『日本国語大辞典 第二版』に従うと、㊀のブランチは、「生」字が当たる「なす」です。「子を生《な》す」の「なす」で、〈生み出す〉意の「なす」です。㊁のブランチは、「成」字・「為」字が当たる「なす」で、①から⑪までの小ブランチがあります。その①が〈ある行為をする〉意で、「する」に相当すると見てよいようです。以下、〈ある気持ちをおこす〉〈物をつくる／事をしとげる〉〈あるものを結果的に、別の状態のものにする〉〈ある状態にする〉〈ある時期になるのを待つ〉〈そのように考える〉〈官職につける〉〈ある物を他の物であるかのように用いる〉〈貴人がおでましになるようにうながす〉〈動詞の連用形に付けて、補助動詞のように用いる〉でした。用例の初出は、多くが中古からで、用法によっては『万葉集』歌からが若干という程度です。

㈡の①の、「する」に相当する「なす」は、『大和物語』の「身を投げ死にたるものならば、その道なし給へ。」（一六八・苔《こけ》の衣《ころも》）です。「その道なさせ給へ。」とあるべきところで、〈成仏《じょうぶつ》させてください。〉と解されます。『落窪物語』に「越前守、今年なむ代はりけれど、国のこといとよくなしたりければ、」（巻四）とありました。「する」に相当はしますが、「なす」のほうに重々しさが感じられます。現代語文として、『大辞林』は、「人力のなし得るところではない。」「相手のなすがままにまかせる。」という文例を挙げています。

その、ほぼ同じ意味の「する」と「なす」とを揃《そろ》えて、〈すべて〉という意味を表すことになったのは、大まかにいって、近世でした。「することなすこと」の初出は、浄瑠璃『出世握虎稚物語』ですが、続いて、洒落本『風俗八色談』、滑稽本『浮世風呂』などに用例を見ます。そして、現代語文として、これも『大辞林』を借りると、「することなすことすべてが気に入らない。」とありました。現代語としては、もう存在しませんが、「なすことすること」ともいっていたようです。談義本『銭湯新話』の「日々に田畑損毛《そんもう》なく、牛馬迄《まで》がよく生長《おひたち》、なす事する事拍子よく」（舟の足を見て福を得たる話）です。

さて、どうして〈すべて〉の意を表すことになるか、ですが、「する」は多様な動作・行為を担っていますし、「なす」も、ブランチ㈠と㈡の①から⑪までを見ますと、これまた多様な動作・行為を担っている、といえましょうので、おのずから、〈すべて（の動作や行為など）〉の意が感じとれてきましょう。さきの『大辞林』の用例のように、「することなすことすべて」のようにもいうようです。

Q101

「科学する」という表現について問題にされたことがある、と聞いたことがあります。その表現に対する是非論だったろうと思いますが、どういう事情でそういう表現をし、どういう理由で反対することになったのでしょうか。

A101

『日本国語大辞典 第二版』の「する」の語誌(a)の(八)に「昭和初期に「科学する心」という表現が問題にされたことがあるが、これは、「科学」を動作性のないものとして、「する」との複合を不適当とする論であった。」とあります。その「科学する心」は、昭和十五(一九四〇)年、第二次近衛内閣の橋田邦彦文部大臣が用いたのが最初とのことです。当時、大東亜戦争といった、第二次世界大戦に入る前年です。おかしな日本語として問題になったようです。

二字漢語に「する」を付けるサ変複合動詞化は、相当量浸透していたであろうと思います。しかし、その複合化が感覚として抵抗なく許容されたのは、その二字漢語が動作性名詞である場合だったのだと思います。それが、「科学する」には、抵抗を覚えたのでしょう。その「科学」は、〈ある対象を一定の目的・方法のもとに研究し、普遍的な法則を発見した体系〉をいうのですから、動作性段階の「研究」「発見」を経た〈知識体系〉ということになりましょう。ですから、一般的には「する」を付けるには抵抗があろうと思います。ただ、そこに含まれる「研究」とか「発見」とかを感じとってしまった人は、「する」を付けて複合動詞化したくもなるでしょう。

そこで、「科学する」表現の是非論ということになるのでしょう。「科学」に動作性は認められません。したがって、多くの人は、「科学する」に抵抗を覚えるでしょう。しかし、その「科学」に取り組もうとか、取り組ませようとかする思いが強い人には、その「科学する」が「研究する」や「発見する」に感じとれて、その「科学する」を是として、そう発表したり、主張したりしたのであろうと思います。

いま、「科学する」は、ネットで検索しただけでも、数えきれません。直ちにヒットしたのは、「ラーメンを科学するおいしい「麺」「だし」、うまみの正体」でした。「科学する麻雀」「日本の人事を科学する」が続きました。「味覚を科学する」「身近なふしぎを科学する」「思考を科学する」「言葉の誕生を科学する」「政治を科学する」「なぞに包まれたイヌの嗅覚を科学する」「科学する詩人ゲーテ」など、まだまだ続きますが、ご自身で開いてみてください。いっそう意外な科学する対象に出会えると思います。

それにしても、非動作性名詞に付く「する」の用例は、あるのでしょうか。「哲学する」は、聞いたことがあるのではないでしょうか。「哲学」は、〈世界や人生などの研究の原理を理性によって探究する学問〉のことです。その〈探究する〉姿勢が強く受けとめられるのでしょうか、「哲学する」は、サ変複合動詞として一定の定着を見せているようです。数学の好きな生徒が勉強しているのを見て、同級生が、「数学しているのか。」と言っているのを見たことがあったように思えてきました。「日本画する」「陸上競技する」など、何とかいえそうです。以上は、国語辞典は認めていないが、いえばいえるという用例です。和語の「心する」「罪する」は、長きにわたって定着している用例です。

ところが、改めて周囲を見回すと、ここのところ、そういう書名がむしろ多くなっているようにも思えます。茂木健一郎『欲望する脳』に驚いていたら、その「欲望する」をそのように連体修飾語とした書名が何冊もあったのです。そして、雑誌「言語」連載論文の安田登「神話する身体」を見て、もう非動作性名詞にも「する」は抵抗を感じることがなくなったのだ、と思うことにしようと思っています。

Q102

丸山真男「「である」ことと「する」こと」という、現代文の有名教材がありますが、その「する」は、どのような意味で用いられているのでしょうか。また、どうして、「「である」ことと「する」こと」という題名にしたのでしょうか。

A102

「「である」ことと「する」こと」という高校国語科教材、教科書会社によって、その切り取り方に若干の異同があるのかもしれませんが、ほぼそのまま使える本文で、恐らく、七、八社が教材化してきているでしょう。その本文は、丸山真男『日本の思想』（岩波書店・昭和三十六年）に収められています。昭和三十三年に行われた岩波文化講演会の講演要旨に加筆したもののことです。お尋ねにお答えする前に、その要旨を紹介しておきましょう。

時効は、権利の上に眠る者の保護はしない。自由や民主主義もまた、不断の努力で保持しなければ約束されない。かつて徳川時代は、身分的な属性で価値判断される「である」社会であった。それに対して、他人どうしの関係から成る社会の時代に入ると、「する」論理をもって行動しなければならなくなった。ただ、日本の近代には、「である」価値と「する」価値の混乱が著しく、現代も、状況によって行動を使い分けなければならない。

そのように、当代の現代人の生き方の混乱状態を語ったのでしたが、多くの学生運動・組合運動・社会運動においては、その「する」姿勢が採用されました。お尋ねの一つは、その「する」の意味ですが、それより先に、お尋ねの、その二のほうについて、先にお答えしておきます。

シェイクスピアの戯曲『ハムレット』の主人公ハムレットの台詞《せりふ》〝to be or not to be〟（生きるべきか死ぬべきか）がハムレット時代の人間にとっての最大の問題であったとするならば、近代社会の人間は、むしろ〝to do or not to do〟という問いがますます大きな関心事になってきた、というように語ったのです。つまり、ハムレットの独白のパロディで、それを訳せば、〈するべきか、するべきでないか〉ということになって、「「である」ことと「する」こと」になったのです。

さて、その「する」の意味ですが、「である」社会、その本文にいう徳川時代の社会とは違う社会となったのですから、自由や民主主義は不断の努力によって獲得しなければならない、というのです。その姿勢について、日本国憲法の十二条を引いて語ります。そこには、「獲得する」という複合動詞は用いられていませんが、併せて、九十七条の宣言も引いて、そこにある「自由獲得の努力の成果」という歴史のプロセスを将来に向かって投射したものだと解して、自由は獲得するものだということを繰り返します。丸山真男の「する」は、〈(自由を)獲得する〉意と解することができます。「する」に、そういう意味を担わせています。

いま一か所、アメリカのライト・ミルズという社会学者の著書からの引用がありまして、そこでは、自由を擁護することに比べて、自由を市民が日々行使することはさらに困難だ、ともいっています。自由や民主主義は、日々、実力行使することで擁護されるのだ、と読みとるところです。〈(自由を、日々)行使する〉のが、丸山のいう「する」であろう、とも読めました。

小見出しの「「する」組織の社会的台頭」のところには、いっそう激しい漢語サ変複合動詞が出て来るかと期待されました。趣旨としては、同じような姿勢の表現が続きましたが、特別、それと注目する複合動詞は見られませんでした。講演ですから、止むをえないでしょう。いずれにしても、戦って奪い取る姿勢を表すのが、その他動詞としての「する」でした。

Q103

テレビドラマ「ドクターX」の米倉涼子演じる女医さんが「オペする」と言っていますが、その「オペ」は、オペレーションという名詞の略語でしょうか。動詞operateがあるのに、どうして名詞から採用したのでしょうか。

A103

大門未知子女医ですね。確かに〈手術する〉ことを「オペする」と言っています。その「オペ」は、外来語オペレーションの略語です。その原語operationという名詞は、動詞operateの名詞形といっていいでしょう。あちらに動詞operateがあるのに、どうして動詞から動詞へという受け入れ方をしなかったのか、と、気になるのでしょう。

ちょっと古い時代のカタカナ外来語サ変複合動詞に、あの学生用語として知られる「エスケープする」があります。英語動詞escapeを日本語サ変複合動詞「エスケープする」としたものでした。しかし、それは、むしろ、学生用語という成立だったから、そうでありえたといってもいいのです。

カタカナ外来語の多くは、名詞として一定の定着を見せてから、日本で動詞化しているのです。「エラーする」を例に引くと、errorが「エラー」として定着してから、それが「エラーをする」として用いられた後、「失業をする」が「失業する」となるように、カタカナ外来語サ変複合動詞「エラーする」が成立したようです。エラーの場合は、errorそのものが、名詞だけの単語です。動詞となるのは、日本語となったからです。「オペする」も、オペレーションがオペとなり、もう現代では、「オペをする」の過程を経ないで「オペする」になったと考えられましょう。

古い用例として広く用いられている「デモする」は、デモンストレーションがデモとなり、「デモをする」といっているうちに「デモする」になった。と見ていいでしょう。「ロケする」も、ロケーションがロケとなり、「ロケをする」が「ロケする」になりました。「リハする」も、同じです。リハーサルがリハを経て、いや経なくても、また、「リハをする」を経なくても、そういう過程を経た意識が背景にあって、「リハする」といえているのでしょう。

略語形は、右に見てきたように、二音節にしてしまうものが多いようですが、三音節となるものも四音節のものもあります。音韻関係の事情もあるのでしょうが、とにかく単語として受けとめてもらえるようにしなければなりません。三音節となるものに「ローテする」があります。ローテーションの「ローテ」です。オ列長音のローだけではlawのロー、lowのロー、ロースト、ロータリー、ローディングなどあって、というようなこともありましょうか。四音節のものとして、「プレゼンする」があります。〈(会議などで)企画や計画を提示する〉意の「プレゼンする」です。プレでは、プレーに受けとめられてしまう恐れがあります。プレゼでは、落ち着きが悪いと感じたのでしょうか。その結果として、「プレゼンする」になっているのでしょう。

このように見てきますと、現代は、単にカタカナ外来語サ変複合動詞というよりも、カタカナ外来略語サ変複合動詞の時代といわなければならないでしょう。サ変複合動詞は、思えば、上代から、その語幹を、時代に応じて差し換えて生き続けてきていたのです。

あとがき

「する」という動詞との出会いは、勤務先の機関誌に発表した「補助動詞「す」の論」（昭和四十九年）執筆に先立ってのある時期でした。橋本進吉『新文典別記』（冨山房・昭和十年）に見た補助的用法の「する」の用例が極めて限られるのに対して、八代集和歌に頻用された同趣の「す」が、あまりにも多く見られ、そこで、現代語「する」について、改めて、その用法を確認したからでした。その段階で、いっそう古く、山岸徳平・今泉忠義著『高等学校文語文法』（角川書店・昭和三十四年）の教授資料（同年刊）分担執筆の際、学習文法とでもいったらいい副教科書類が、補助動詞の頃に「す」を含めない事情に触れる必要に迫られて悩んだ日があったことが思い出されもしました。補助動詞「す」について、僅かばかりの活字にするまでに、十六年も費やしたことになります。

一部の限られた自然科学領域の研究者の方々のように特定の事柄だけに集中して取り組むことのできないのが、多くの人文科学・社会科学の担当教員ではないでしょうか。殊に、私は、高校の教育現場に国語科教諭として長く勤務、その後も、漠然と、国語を観察し、整理し、職場の機関誌に報告し、時に講義・演習に生かす、という程度のことで、教員としても限界の年齢となってしまいました。さきごろ、検定教科書に採られている箇所で、なお読解しきれていない箇所を拾い集めて、『有名古典教材の読めないところどころ』とでもしようと思っておりましたところ、社長のご判断というより、ご命令で、古い、あの『先生のための古典文法Q&A一〇〇』の続編として、『続・先生のための古典文法Q&A一〇一』となってしまいました。一昨年のことでした。ただ、こちらは、ただ一つの正解を示すAではないところをお楽しみいただこうと思っていることを、この機会に改めて申し上げさせていただきます。

そういう意味で、カルチャー講座を意識して執筆した『日本語どうして』は、ありがたいことに、気づいたら、カスタマーレビュー四つ星半になっていました。あるいは、その後、五つ星になっていましたでしょうか。いまでは前の前の職場となった最も長く勤務した大学の停年退職の直前に、『読みもの日本語辞典』（角川文庫ソフィア・平成九年）『難読語の由来』（同上文庫・平成十年）などをお読みくださっていた職員の方から勧められての執筆でした。機会がなく、まだ、自分の口で喋ったことがありません。残り少ない人生、喋ってみたいとも思っております。

今年、一月の十四日、旧知の教科書編集メンバーで富山の高校長さんだった方が上京されるとあって、伺いました。著作刊行のご相談で、私は、お昼のお相伴をさせていただきました。その月末、社長から、実は明年は創業百周年なので、一点、何か売れるものをとのお話が改めて寄せられました。出版業界の厳しさは、広く世間にも知られているところで、お話をお受けするということは、これまでにない責任が生じることでもあるわけです。躊躇して、何人か、限られた知友や教え子に当たったりもした結果、どちらからもご返事がなく、どれほどの読者も持ちえていないことを申し上げて、ご了解をいただいたうえで、読みものとしての本書に取り組むことにいたしました。

折も折、母校でもある、その前の元勤務先から、「多様化する日本語研究の現在」という特集に執筆するようお話がありました。国語科教材の読解は、研究の対象にしていただけてはいないのですが、本書の素材としていた一部を、どう教材研究したらよいか、その悩みの声として、「非動作性二字漢語／訓なし一字漢字／カタカナ外来語略語形＋接尾辞「化」サ変複合動詞の時代—連体修飾語としての「欲望する」「塑する」「キャラ化する」」を投稿することにいたしました。どちらに向けても、お許しがいただきたくお願い申し上げます。
そのサ変複合動詞は、上代から現代に至るまで、どう取り扱ったらいいか、悩ませられる事柄があまりにも多く、研究者も避けているように思えます。そして、私どもの、この「する」についての認識も、あまりにも不十分です。例えば、「研究する」「合格する」などの二字漢語サ変複合動詞は、どのくらい現在用いられているか、ご存じでしょうか。「愛する」「和する」などの一字漢字サ変複合動詞は、どのくらいになるのでしょうか。旺文社『国語辞典』(第十一版)で確認したところ、二字漢語＋「する」が、六九八四語、一字漢字＋「する」が三六七語でした。素朴な手作業の結果の認識です。見落としはあっても、下回ることはない数値です。そして、実は、さきの拙論から、ここだけ、使わせてもらいました。「する」の取り立て項目は、こんなものではありません。一〇三にしたのは、漢文の立項が一〇二であるのを受けてとのことです。この世界は、とりわけて厳しい時代ですが、お楽しみくださる方がいらっしゃる限りという、右文書院の姿勢に、お応えいたしました。もちろん、読者の皆さまあっての本書です。一人でも多くの方に読んでいただきたい。お若い方に楽しんでいただきたい。そして、学校などでは学べない、日本語の感性を鋭くしていただきたい。そう願いながら、八十四歳の三分の二をこの作業に当てました。そして、社長のお計らいで、私どもが八十五歳の峠を越えた直後に、皆さまのお手許にお届けできるよう、ご配慮くださいました。

著者　中村幸弘

平成三十年八月三十一日

著者紹介

中村幸弘（なかむら ゆきひろ）

昭和８(1933)年、千葉県生まれ。國學院大學文学科卒業後、昭和31(1956)年から15年間、千葉県立佐原第一高校・同県立大原高校・國學院高校に教諭として勤務。昭和46(1971)年、國學院大學専任講師・助教授・教授を経て、平成16(2004)年、定年退職。博士(文学)・國學院大學名誉教授。続いて弘前学院大学教授の後、平成19(2007)年から國學院大學栃木短期大學教授(学長)。教育現場時代から辞書・教科書等の編集に協力し、『ベネッセ表現読解国語辞典』『ベネッセ古語辞典』『ベネッセ全訳古語辞典』編者、『旺文社国語辞典』編集委員、右文書院・旺文社・文英堂高等学校教科書編者、学校図書中学校教科書編集委員など。

著書は、『補助用言に関する研究』（右文書院）『『倭姫命世記』研究――付訓と読解――』『和歌構文論考』（新典社)、国語科教師・一般読者向け著作として、『先生のための古典文法Q＆A100』『古典文の構造』『古典敬語詳説』『現代人のための祝詞』『『直毘霊』を読む』『『古語拾遺』を読む』『日本語どうしてQ＆A100』『学校で教えてきている現代日本語の文法』『現代文で解く源氏物語』『ものぐさ故事名言』『読んで楽しい日本の唱歌Ⅰ・Ⅱ』『読んで楽しい日本の童謡』『日本国憲法の日本語文法』『続・先生のための古典文法Q&A101』（以上、右文書院)、『読みもの日本語辞典』『難読語の由来』（以上、角川文庫)。『古典語の構文』（おうふう)、『日本古典　文・和歌・文章の構造』『漢文文型　訓読の語法』（以上、新典社）など。

“する”という動詞のQ&A103

平成三十年九月二十五日　印刷
平成三十年十月十五日　発行

著　者　中村幸弘
発行者　三武義彦
印刷・製本　㈱文化印刷

〒101-0062　東京都千代田区神田駿河台一―五―六
発行所　株式会社　右《ゆう》文《ぶん》書《しょ》院《いん》
振　替　〇〇一二〇―六―一〇九八三八
電　話　〇三（三二九二）〇四六〇
FAX　〇三（三二九二）〇四二四

ISBN978-4-8421-0791-2 C1081